UN CONTINENTE EN BUSCA DE UN LÍDER

JOSÉ BATISTA

BUENOS AIRES - MIAMI - SAN JOSÉ - SANTIAGO

www.editorialpeniel.com

Un continente en busca de un líder
José Batista

Publicado por:
Editorial Peniel
Boedo 25
Buenos Aires C1206AAA - Argentina
Tel. (54-11) 4981-6034 / 6178
e-mail: info@peniel.com.ar

www.editorialpeniel.com

Diseño de cubierta e interior: arte@peniel.com.ar

ISBN N° 987-557-042-7
Edición N° I Año 2004

Printed in Colombia.
Impreso en Colombia.

CONTENIDO

RECONOCIMIENTOS

En pleno siglo XXI el concepto de integración implica mucho más que coordinación y codependencia. En el modelo humanista la codependencia es obligada porque en general el hombre carece de identidad. Se requiere una visión fresca renovada de lo que es realmente integración. No se puede ejercer el liderazgo sin entender cabalmente lo que es integración, que en una frase sería "aprender a trabajar en comunión, como organismo, y no como estructura."

PABLO MONZALVO PÉREZ
PROFESOR DE LEYES, EX DIRECTOR DE SEGURIDAD DE MEXICO

›››

Nuevamente el Dr. José Batista, ciudadano de Hispanoamérica, en este su nuevo libro **"Un continente en busca de un líder"** nos permite ilustrarnos y comprender en forma mucho más clara, la importancia del liderazgo y la gran responsabilidad que pesa sobre los actuales gobernantes y líderes políticos en la conducción de los partidos políticos, tan seriamente cuestionados por la sociedad civil.

Para el área Centroamericana, y muy en especial para el Parlamento Centroamericano, el presente libro debería de constituirse de lectura obligada, por los acertados señalamientos que expresa en forma llana y clara el Dr. Batista, en los puntos referentes a los partidos políticos y la integración, y más específicamente cuando señala y explica con mucha objetividad el porqué de la urgente necesidad de redefinir el papel de los partidos de la región.

Mis sinceras felicitaciones al Dr. Batista por esta su nueva contribución en la formación política de líderes, planificadores e integracionistas de la región.

ING. ERIC. O. CATAÑO M. SC.

PRESIDENTE DE LA COMISIÓN DE INTEGRACIÓN DEL PARTIDO REVOLUCIONARIO DEMOCRÁTICO (P. R. D.) DE PANAMÁ. EX DIPUTADO DEL PARLAMENTO CENTROAMERICANO (PARLACEN, EX VICEPRESIDENTE DE LA COMISIÓN DE POBLACIÓN, MEDIO AMBIENTE Y DESARROLLO DEL PARLACEN. PRESIDENTE DE LA COMISIÓN DE MEDIO AMBIENTE, SALUD Y DESARROLLO DE LA FUNDACIÓN OMAR TORRIJOS HERRERA (PANAMÁ)

›››

Sin duda alguna, libro del Dr. José Batista, viene a llenar un espacio necesario en el momento en que el proceso de integracion avanza hacia su nueva etapa de 2005. El libro contiene los elementos necesarios para crear conciencia en el liderazgo latinoamericano. Este libro es importante, porque tiene recomendaciones que bien pueden servir de referencia hacia la nueva etapa del desarrollo socio económico. Recomiendo la lectura del mismo a todos los líderes que tienen un genuino interés por el destino de América.

H.D. HUGO GUIRAUD GARGANO

EX-PRESIDENTE DEL PARLAMENTO CENTROAMERICANO
PRESIDENTE DEL PARTIDO REVOLUCIONARIO DEMOCRÁTICO DE PANAMÁ

INTRODUCCIÓN

LA POBREZA DUERME EN CAMA DE ORO

El craso error de quienes defienden a los pobres es que se lucha por sentirse bien al hacer algo por ellos; hay los que luchan contra los sistemas, hay los que se enfocan en la justicia dentro del marco de lo racional. Si bien esas defensas son humanas, el error consiste en que no parte desde una cosmovisión que esté basada en los valores fundamentales del ser humano: dignidad, integridad y libertad.

Los sistemas no son más que el producto de la cosmovisión del hombre, y la cosmovisión no parte de lo racional sino de lo espiritual. Por lo tanto, el concepto de defensa es loable, es hermoso, pero no es lo correcto; es un acto que debe ser transitorio, pues es una falta de respeto al ser humano el mantenerlo sujeto a la dádiva, a la pena, en vez de reconocerle su identidad.

Los mayores enemigos de la justicia y de los pobres han sido sus defensores, puesto que han hecho de su actividad un modo de vida. El pobre no necesita ser defendido, sino devolverle el control de su dignidad, integridad y libertad.

Del corazón proviene la conducta humana hacia las relaciones con el prójimo.

La pobreza no es real, es tan solo un producto, una consecuencia de la miseria del corazón del hombre. No tiene su origen en sistemas, sino en el corazón mismo del hombre.

Por otro lado, a medida que avancemos hacia las nuevas premisas globalizadas de hacer gobierno dentro de un marco comercial, la desigualdad seguirá avanzando, y por lo tanto el conflicto entre si la pobreza es un producto del sistema o del corazón del hombre, es la parte esencial del debate sobre la lucha contra la miseria.

Es importante señalar que en el contexto actual, el hecho de que los pobres sean un constante reto a hacerles el bien, solo existe una posibilidad real dentro del marco de lo ético como fruto del corazón: el cambio del corazón del hombre.

Una mirada a Latinoamérica nos dice que los pueblos han tenido todo lo necesario para vivir bien, que el problema puede definirse como:

1. No la falta de recursos, sino de ética.
2. Que los países se han empobrecido por la falta de un corazón correcto en observar los principios de la cosmovisión de Dios.
3. Y que en el proceso actual de globalización, la nueva esperanza es un orden mundial integrado, pero donde a todas luces no existe una meta de colocar los principios de Dios, sino la ambición del hombre como centro del nuevo orden. Puede decirse que estamos llegando al punto culminante del humanismo, donde un grupo cada vez más reducido obtiene los beneficios, no de sus países, sino del mundo.

Es importante señalar aquí que no estoy contra el principio de libre empresa, ni de que el Estado tenga cada vez menos papel en el control de la gente; pero también es necesario señalar que lo que parece estar aconteciendo es un traspaso del poder nacional a un estado superior supranacional.

Quiérase o no, la pobreza en Latinoamérica descansa en una cama de oro.

¿Qué podríamos hacer en nuestro continente para realizar la parte que nos corresponde, indistintamente de los planes?

Existen los principios de cosmovisión sobre los cuales se ha enmarcado el quehacer del liderazgo en el mundo a favor de las naciones. Es importante que revisemos algunos puntos de la cosmovisión y el liderazgo, porque de esta manera habrá de actuar no en los deseos nuestros, sino en los principios que gobiernan las relaciones de los seres humanos.

El querer defender o combatir la pobreza es simplemente una manera de seguir manteniendo el estado de cosas, pues la pobreza no es la realidad, es tan solo un resultado.

El querer defender la justicia es mantener la expectativa que lleva quinientos años en el corazón de los pueblos latinoamericanos.

Es, por consecuencia, una necesidad que el liderazgo comprenda la relación de su función con los valores de dignidad, integridad y libertad. Es por eso que he dividido este libro en las siguientes partes:

Capítulo 1: EL LÍDER NO COMÚN

Es poder reconocer la necesidad de redefinir el concepto de liderazgo a la luz del contexto en que nos toca vivir.

Capítulo 2: EL CASO BOLÍVAR

Es el análisis de la idea de Bolívar en el marco del líder que captura la visión antes de que los demás líderes de la región estuvieran preparados.

Capítulo 3: EL LÍDERAZGO, LA POLÍTICA Y LA MAÑA

Es el análisis de las premisas que han dirigido el quehacer de los líderes políticos del continente.

Capítulo 4: LA GLOBALIZACIÓN, LA ECONOMÍA Y LOS PARTIDOS

Es el análisis del resultado de los cambios que se han querido instrumentar sin tener en cuenta los valores fundamentales de dignidad, integridad y libertad. Incluyo un análisis que hice al principio de la década de 1990 y los resultados de los cambios. Este incluye la globalización, sus impactos en los partidos políticos y en la economía.

Capítulo 5: CÓMO LOGRAR EL COMPROMISO DE LOS PUEBLOS

Es una propuesta de ajuste al quehacer de gobierno, teniendo en cuenta la dignidad, la integridad y la libertad.

José D. Batista, Ph. D.

Capítulo I

EL LÍDER NO COMÚN

Tratar de poner ejemplos para probar una visión es querer forzar a las personas a que tengan una visión de algo que no tienen en sí, y ya por esto deja de ser visión.

El convencimiento es parte del proceso racional dirigido por la manipulación de los símbolos que guían la etapa presente de la verdad. En la nueva etapa no existen símbolos: están en formación; por tanto, la comunicación en el ámbito racional no es posible, a menos que los elementos de la visión estén contenidos en la emoción y el deseo del que escucha.

El líder no común es aquél que es dirigido por el amor que produce el encuentro con la necesidad sentida de la gente hacia una nueva etapa. Es el punto donde se reconoce que lo que existe no está funcionando para lo que fue diseñado, que la justicia como elemento básico de la esperanza en la equidad no produce los frutos deseados. En ese punto el ser humano comienza a desear algo diferente, y ese algo se transforma en frustración, cuya intensidad produce una energía latente de cambio. Quien en ese momento captura ese deseo inconsciente de la gente y se lo convierte en una visión de acción, se hace un líder o un dictador.

El líder: es aquel que movido por el amor busca una salida a ese estado de cosas, que traza un plan de acción para suplir las necesidades sentidas y no sentidas.

El dictador: aprovecha las circunstancias para cristalizar su deseo de poder y satisfacer su carencia de desarrollo en la necesidad sentida de la gente. La suma de la necesidad sentida de la gente es aquello que tiende a llenar el hueco de su vacío personal de desarrollo.

>>> Tanto el líder como el dictador emergen del mismo punto: capturar la necesidad sentida de la gente.

>>> Tanto el líder como el dictador se hacen símbolos: encarnan la rabia y el dolor de la gente.

>>> Tanto el líder como el dictador crean el lenguaje: comunican a la necesidad inconsciente.

>>> Tanto el líder como el dictador no pueden ser comprendidos: son los creadores de nuevas teorías.

>>> Tanto el líder como el dictador son impredecibles: actúan por la intuición que produce la necesidad sentida.

>>> Tanto del líder como del dictador emana una atracción que redefine la belleza en la forma: encarnan la belleza de la esperanza.

>>> Tanto al líder como al dictador los hace el pueblo: les conceden la autoridad sobre su destino.

>>> Tanto el líder como el dictador son populistas: al líder esto lo reafirma en la visión, y al dictador en sus apetencias.

>>> La diferencia entre ambos está en el propósito de su acción:

›› En el líder es el amor; en el dictador es el ego.

›› En el líder es la visión; en el dictador es su capricho.

›› En el líder es que las gentes se apoderen de la visión que ellas tienen; en el dictador es apoderarse de la visión.

›› En el líder es multiplicarse; en el dictador es eliminar todo sustituto.

›› En el líder es el deseo de que la visión se cumpla; en el dictador es el deseo de ser reconocido, de ser temido y de ser recordado.

›› El líder lucha por la realización de la esperanza; el dictador marchita la esperanza.

›› En el líder el populismo es necesario para el apoyo de la visión, pero abre oportunidades hacia la autosuficiencia; en el dictador el populismo es elemento de control, y crea codependencia en las dádivas.

Estas consideraciones pueden ayudarnos a identificar la realidad que se encuentra latente cuando hay movimientos de cambios, y a evaluar las emociones sentidas, porque son estas las que crean la realidad visible, la que vemos en los líderes. Ellos la capturan, la hacen visión, la hacen plan. Nosotros tan solo somos atrapados en nuestras necesidades o liberados por nuestros principios. Pues cuando un líder sin valores captura nuestras necesidades, el camino es hacia la destrucción.

Examen preliminar para el líder

a. ¿Cuál es y de quién encarnas la necesidad sentida?

b. ¿El plan nace de tu visión o de la visión que se deriva de la necesidad inconsciente de la gente, capturada por ti?

c. ¿Eres el líder de la gente o de la visión de la gente?

d. ¿Eres el líder o hay otros líderes como tú?

e. ¿Eres la respuesta o el impedimento a la salida futura?

f. ¿Te gozas con el pueblo, te alabas o celebras los logros de la gente?

Los principios que rigen al líder no común

Él es quien encuentra la visión en la necesidad de la gente, sentida o no.

Una visión es el ver el estado final de un esfuerzo. Es verlo totalmente realizado en el tiempo, y con capacidad de disfrutarlo desde el inicio.

La visión se forma como un deseo inconsciente de que algo toma una nueva forma, pero no es comprensible a los sentidos, no obedece a las reglas que guían el comportamiento presente.

Uno de los graves errores en gerencia, administración, mercadeo y política, es pensar que las leyes que gobiernan el pensamiento de la realidad creída pueden ser aplicadas cuando emerge una visión. Es por eso que cuando se trata como políticos a personas como Hugo Chávez, Hipólito Mejía y Vicente Fox, se entra en el error de estrategias para neutralizar, y estas estrategias se convierten en combustibles que avivan la llama de los originadores de la visión. Esos originadores no entienden que sus frustraciones van creando un símbolo al cual buscará inconscientemente la gente, y por eso, cuando aparece ese símbolo, mientras más los atacan, más la gente se siente golpeada; sus frustraciones se elevan y sus deseos de castigar a los mantenedores del estatus se aumentan.

La visión es crear una imagen que satisfaga la necesidad sentida de la gente; no es un proceso racional, es un proceso intuitivo; no es del intelecto, es del amor —en el verdadero líder–.

El peligro grande es que la gente ve la visión en el líder, no en sus necesidades, y eso es lo que aprovecha el dictador.

Visualice el estado final de la visión

El estado final de una verdadera visión es el apoderamiento de la gente a tomar el control sobre su propio destino, es eliminar la codependencia; el líder que no puede crear su propio final, crea el final de la visión.

El Estado final de una visión es liberar a la gente de la emoción que la mantiene atrapada y crear una nueva etapa de su desarrollo hacia la autosuficiencia, que le haga consciente de su libertad y que nadie pueda volver a despojarlo de su autoridad.

Ponga la visión en una declaración simple que contenga el deseo

La visión comunica el deseo de libertad, de dignidad e integridad de la gente. Póngala en una declaración simple que apele al sentido de autoridad de la gente en obtener su propia respuesta, en trabajar sobre su propio compromiso. Es crear para que la gente conozca y pueda hacer lo que "es correcto", lo que se le ordena simplemente; es entender que la justicia está en el carácter, no en los libros de leyes, reglas y procedimientos. Es que la gente pueda ver su conducta reflejada en la visión.

La visión de una nación en medio de la globalización

La globalización ha creado una brecha enorme en los pueblos y coartado la posibilidad de desarrollo de muchas naciones y del bienestar social, a resultas del incremento económico. Las palabras, conceptos y valores de justicia, libertad, dignidad e integridad necesitan ser redefinidos, puesto que en el inconsciente de los pueblos el beneficio de todo lo que se llama progreso es un castigo emocional profundo. Por lo tanto, una visión es aquella que recapture los valores inherentes en el ser humano, como lo son:

Dignidad: La valorización de lo que Dios es y ha hecho en cada ser humano. El derecho inalienable al respeto de su ser, de su identidad.

En esta dimensión el ser humano debe dirigirse a la no codependencia, como también se lo debe formar para lo mismo, y crear leyes e instituciones que refuercen y velen por la dignidad

Integridad: La valorización de lo que Dios ha hecho en cada ser humano al hacerlo guardián de su vida; su talento, su derecho a disfrutar de todo lo que Dios hizo.

En esta dimensión el ser humano amerita que desarrolle al máximo sus capacidades para la obtención de los beneficios que le brinda la formación y aplicación de sus capacidades.

En esta dimensión el ser humano debe dirigirse al logro por sus propios esfuerzos, pero deben establecerse leyes y procesos que fortalezcan la integridad en la posibilidad de la libre empresa, de la libre competencia y la libre oportunidad, para el disfrute pleno de los recursos de la nación.

Libertad: La valorización de la autoridad intrínseca provista por Dios para que cada ser humano tenga la capacidad de respetar la dignidad y la integridad de los demás, al mismo tiempo que amerita que se la respete.

En esta dimensión el ser humano debe reconocer que la autoridad de Dios le ha sido delegada en su carácter, para poder hacer justicia, que puede definirse como el respeto a la dignidad, la integridad y la libertad de los demás. El ser humano viene a ser el gerente de su libertad, ya que la ley no condena; la ley tan solo reconoce la falta de dignidad, integridad y libertad, y aplica la retribución que la misma persona genera, tan solo con la variable de asignarle un tiempo de reconsideración o pena.

Basado en lo anterior, una visión compartida por los pueblos de Latinoamérica podría ser la siguiente:

> *"Todos los hombres y mujeres fueron creados iguales, con el derecho y el deber inalienable a tener y promover la libertad, la dignidad y el disfrute del bienestar de la sociedad en que viven".*

Por lo tanto, la visión es el estado final de esta declaración.

No confunda un estado de derecho con un estado de visión. En un estado de visión el deber y el derecho van relacionados a la dignidad, la integridad y la libertad.

*Si te lleva más de cinco minutos
explicar tu visión, no tienes una clara
idea o noción de la misma.*

Cuando la visión es clara, cuando cala en lo profundo de la gente y la hace salir de la emoción hacia la razón, los símbolos pueden ser manejados. La gente busca cómo participar.

Cuando la visión es confusa, solamente está abrigada en el líder, y este carece de la capacidad de hablarle a la emoción de la gente para traerla al plano de lo racional; entonces ese líder, como una representación de la visión, encarna un símbolo de castigo; a la gente no le importa lo que haga en tanto que el sufrimiento sea compartido por todos; es algo así como una especie de suicidio colectivo que lleva a la gente a posiciones radicales. Tales fueron los casos de Adolf Hitler y otros líderes-dictadores.

Por lo tanto, si la explicación de la visión no genera un compromiso hacia una nueva etapa de desarrollo, la confusión se apoderará de la gente.

La visión es la apertura hacia una acción coordinada de llegar al estado final que esta propone como una nueva etapa; de no ser así, es el paso intermedio hacia el caos.

Convencer a quien no tiene la visión es como abrir un hueco en una pared, que tendrá de grueso en metros la cantidad de años que tenga esa persona.

Cuando la persona no tiene la visión es porque no siente la necesidad, no ha hecho crisis, no ha tocado el punto de desaprendizaje; el cambio no es aprender, es desaprender; el desaprender produce sufrimiento, puesto que es la lucha contra las grabaciones neurofisiológicas fijadas por las experiencias, los refuerzos y las consideraciones que mantienen a la persona atada a la realidad presente. Aprender es el ejercicio de seguir avanzando en la realidad conocida, que como no hace reto al sistema neurofisiológico, no produce sufrimiento; por lo tanto no se rechaza. El problema serio es que cuando el que demanda un cambio es confrontado con la nueva realidad, entonces está totalmente desarmado para el cambio, puesto que se niega a sufrir.

La negación a sufrir convierte en rabia la nueva visión; es como si estuviera perdiendo la identidad.

En esta etapa el ser humano se confronta con la teoría del *"token"*, en la que solo está dispuesto a aceptar los beneficios de los resultados de la visión.

El cuidado aquí es que cuando la demanda de la visión ejerce presión sobre el ser, entonces, si la persona no ha dado el paso hacia la visión, claudica.

La única manera de seguir en el camino es
hacer de la visión, el camino.

La visión que se hace camino es fortaleza contra la adversidad. Cuando el ser humano está atado a los refuerzos inmediatos de una visión, su voluntad y su entusiasmo se quiebran.

El conocimiento es el amor que nace de la visión

›› Lo racional y lo instintivo producen un sentido de preservación; en ese estado el conocimiento es mantener la estabilidad, y se desarrollan las teorías producto del deseo de proveer seguridad personal; los demás no importan.

›› Como no hay una visión cuyo fundamento sea la dignidad, la integridad y la libertad, entonces las leyes que gobiernan el pensamiento del liderazgo buscan cómo alcanzar y mantenerse en el poder. La teoría de medios para justificar fines son reglas aceptadas, pero que no pueden producir una visión, pues confunden una declaración de logro con una visión de apoderamiento.

›› En una visión de logro, las personas ven el final como que han conseguido lo que buscaban; en una visión de apoderamiento la persona no busca, sino facilita que todos logren, no para sí solamente, sino también para las generaciones que le siguen; por lo tanto el conocimiento es generado por el amor. Es una clase diferente de conocimiento, puesto que el argumento no es el acopio de datos para ser citados, sino las acciones que dejarán una respuesta a la necesidad de dignidad, integridad y libertad, no tan solo en el momento sino también para el futuro.

El conocimiento tradicional es el pasado que la visión dejó atrás

El conocimiento tradicional, que impide que la nueva visión emerja, es un pasado que quedó atrás pero que se niega a desaparecer.

Esta negación es tenida a veces como obstáculo insalvable, pero en realidad la importancia de que permanezca hasta que la nueva visión dé los frutos, es que se mantiene como un espejo de lo que sucede cuando la visión pierde el amor y se establece tan solo como razonamiento.

La parte interesante es que ayuda a identificar si los líderes de la nueva visión son tan solo aprovechadores de la oportunidad, pero que una vez al frente, en la fase de activar el proceso de la visión, regresan en sus conductas al conocimiento tradicional. Esto es lo que produce el desaliento, y que se manifiesta como un sentido de apatía, algo que se ve mucho en la política y en la falta de compromiso de la gente en las empresas.

Nunca trate de cambiar una cultura; cree una nueva

La cultura es la etapa final de la encarnación de la visión en un pueblo o grupo de gente en el que la manera de pensar, los símbolos que guían el comportamiento y el refuerzo de la conducta están bien definidos.

Tratar de cambiar la cultura es quitar la identidad a quienes la tienen, pues ya son tan solo el reflejo de la misma.

El proceso para el cambio no es programado; todo el que ha querido cambiar una cultura sin que el tiempo de la necesidad sea sentido por la gente, ha tomado en la misma la posición de mártir. La globalización, por ejemplo, cuando se trata de ser inducida rígidamente por los patrones materiales, sin el convencimiento y el apoderamiento, fácilmente lleva al caos y a la desesperanza.

> *El líder que encabeza o simboliza una*
> *visión habrá tenido éxito cuando quienes*
> *capten la visión lo dejan atrás, pero ponen*
> *la visión al frente.*

El problema con el concepto de líder es que se define como una persona con ciertas características, y no como el que facilita una visión que demanda ciertas conductas.

Es por eso imposible generalizar sobre las características de liderazgo, pues son situacionales, enmarcadas en tiempos y contextos.

El liderazgo, independientemente de situaciones, tiempo y contexto, solo obedece al estado final de lo que definen quienes lo hicieron emerger. Fuera de esa premisa, en la nueva situación creada, en el tiempo y el contexto que emergen, solamente será efectivo el liderazgo capaz de crear las condiciones para el crecimiento de la visión. Por esa razón su presencia no es tan importante como su multiplicación. Y su multiplicación no es tan importante como que el sistema establecido tenga vida en sí mismo por las reglas que lo gobiernan. Si estas reglas son de gobierno solo servirán para atajar el desarrollo, pero si estas reglas van dirigidas al desarrollo interior de la dignidad, la integridad y la libertad, la visión se convierte en autorreguladora, y la falta de desarrollo de un individuo jamás podrá dar al traste con la ley de vida contenida en estos valores. Por lo tanto, la acción mayor de un líder es el desarrollo de la sociedad, o lo que es igual, de la gente misma. Es también la adecuación de los sistemas para reflejar los valores.

El líder no teme a desaparecer, pues es imposible, ya que la visión no se cumple aún mas allá de su tiempo y su presencia. El tiempo toma control de la visión tiempo. Como el liderazgo procura facilitar el apoderamiento para el cumplimiento de la visión, entonces no puede desaparecer el líder, pero sí el que se crea que es el motivo de la visión, pues el fruto de una visión, en su establecimiento, violenta el principio de continuación individualista.

El lenguaje tradicional jamás explicará una visión que sale de una necesidad del corazón

Tratar de convencer a otro de la visión es perder la visión.

La visión no se comunica, se completa. El problema serio en este espacio es que la carencia de un lenguaje impide la comunicación efectiva. En este espacio funciona más adecuadamente la simbología. Es por eso que el modelado viene a ser la mayor expresión de la comunicación en tiempos de transformación.

En muchas ocasiones hemos visto personas que se denominan líderes debido al aprovechamiento que hicieron de circunstancias específicas, en las cuales ellos parecían ser la respuesta, pero llegado el momento del modelado se produce el desencanto que termina con la pérdida de la posición que ocupaban, y la cual se había definido tradicionalmente como liderazgo, ya que el lenguaje simbólico no comunicaba el mensaje.

En el mundo de la política hemos visto el absurdo aparente de los grandes líderes con grandes teorías, y llega alguien sin teorías, sin el liderazgo –para algunos–, sin el apoyo de las estructuras tradicionales de poder social, y esta persona capta el lenguaje inconsciente de la gente. La gente, en cambio, a pesar de tener todo tipo de información sobre teoría de liderazgo, obvia el mensaje que se le quiere llevar, y no lo recibe porque ese lenguaje ha perdido la fuerza de su significado; el contexto emergente le ha cambiado el mismo. Si la política fuera un arte o una ciencia, los partidos tradicionales que han manejado ambos hubieran podido sostenerse.

Cuando la visión prende, crea un vacío atrás que absorbe a los que tienen la necesidad, pero no la han convertido en visión.

La fuerza del vacío ya es un hecho innegable. Esta fuerza está obrando en forma poderosa en el área del liderazgo. La mente errante del ser humano no encuentra ancla en las definiciones o las figuras de los líderes actuales.

La moda de la fantasía del mercado ha llevado al ser humano, nuevamente, al desarrollo de cantidad de teorías de liderazgo, que si bien es cierto que van intencionadas y contienen elementos de mucho valor para ayudar a los líderes actuales a la reflexión, yerran en seguir enfocando al líder como una persona que tiene la propiedad de hacerse seguir.

La visión, cuando es sentida como necesidad, se convierte en una poderosa fuerza de vacío, y absorbe a todos los que han entrado en contacto con esa necesidad sentida. Esa fuerza de vacío es capaz de mover grupos y naciones. Por tanto, la comprensión de esa realidad nos lleva a dos elementos críticos:

1. El aparecimiento de una figura que toma el símbolo de la visión.
2. La suma de energía de todos los que tienen visión.

Es por eso que seguir creando vacío es más importante que llenarlo con la presencia de la persona líder. Seguir llenando el vacío es seguir concienciando a la gente de su propia necesidad, al mismo tiempo que el líder emergente, como figura transitoria, se apodera de la gente para tomar el control de su destino. Esta es una fuerza de cambio difícil de detener.

Provoque la conciencia del sentimiento de necesidad como una acción, no como queja.

La táctica de los líderes que crean codependencia, que utilizan el momento para ocupar posición, es aumentar la queja, aumentar la división; utilizan la premisa maquiavélica de "divide y vencerás". La división tajante muchas veces crea o aumenta los bandos y produce la imposibilidad de reconciliación del sistema social dado.

El líder no común toma la queja como un reto hacia la solución por parte de la misma comunidad que se queja. Busca los elementos de planificación para respuestas que a corto y a largo plazo podrían incidir en la solución final del origen de los problemas, en vez de poner parches.

Mover a las personas de la queja a la acción, es buscarle un significado práctico a la visión.

La autoridad está en las personas, en sus necesidades

Una definición correcta de la autoridad es entender que viene de la palabra autor. Esto implica que el originador es el dueño. Por eso, los que originan el deseo que se convierte en necesidad, de donde emerge la visión, son poseedores de la autoridad; tan solo la delegan en la figura de la visión o del líder.

La autoridad está investida en el hombre por el sistema de valores, porque nadie que no haya aprendido la obediencia tiene autoridad.

*Ser un líder es ser un agente de cambio,
no ser un cambiador.*

Tratar de hacer un cambio sin el permiso, aun inconsciente, de la gente, es violentar la dignidad, la integridad y la libertad. Esto es así cuando el cambio va dirigido a satisfacer el ego inflado del líder común.

Cuando la necesidad de cambio capturada por el líder se hace sentir en su voluntad, la posición ha de ser enmarcar ese sentir en los principios de pensamiento que deberían regir la nueva forma de pensar, dándole de esa manera significado a la necesidad de la gente. Esto es lo que se reconoce como facilitar el cambio de mentalidad o paradigma, que sirve como un muro de contención a la necesidad, y que en última instancia actúa como una fuente de sabotaje a la voluntad para el cambio. (En mi libro *"Ha llegado el tiempo de Latinoamérica"* explico más profundamente cómo un cambio de paradigma o manera de pensar afecta las nuevas teorías que emergen en el campo político, económico y social.

El paradigma es el modelo de pensar que guía las premisas con que se desarrollan las teorías, los símbolos que mueven las emociones y la conducta. Estos elementos componen el sistema cultural. El paradigma necesita ser reinterpretado con el fin de que adquiera el significado del contexto emergente producto de la necesidad inconsciente. Reinterpretar el paradigma produce como resultado un lenguaje que ayuda a la comunicación con la gente.

La necesidad de facilitar el cambio se da cuando el contexto en el cual se desarrolló el paradigma, lo que se asume como teoría, no da resultado y carece de sentido. Esto es lo que sucede en este momento, cuando las doctrinas ideológicas y los líderes que las sustentan no mueven la voluntad de la gente; por el contrario, se da el voto castigo o el no compromiso. Este es el caso especifico de América Latina, donde la forma de gobernar y el liderazgo y la forma en que se han planteado los problemas y las soluciones, no dan resultado útil o positivo, y por ello no parece haber solución de continuidad para resolver los males que se quieren erradicar.

El clima emocional de la gente está deteriorado, fruto de la desconfianza, de la sospecha y de la inhabilidad política para mostrar en la conducta el modelado simbólico que ate la necesidad sentida a la efectividad del liderazgo. Se le ha dado más peso a los indicadores económicos que a los indicadores de bienestar. De todos modos, no existen indicadores efectivos. Por ejemplo, se mide el producto bruto interno, pero no se mide el tamaño de la clase y cómo fue afectado, porque si crece el producto bruto y baja la clase media, el indicador económico no refleja el bienestar social producto de ese desarrollo, ya que la clase media es la tendencia de medida central del bienestar social producto del desarrollo económico.

Existen los siguientes elementos como producto de la necesidad emergente:

> **Pragmatismo político y vitalidad para el cambio:** Lo que se considera pragmático o real en el campo de la teoría política es hoy un absurdo. La frase "astucia política" se

convierte en maña, y la gente pierde la fe en la capacidad del liderazgo. La conducta política ha disparado la necesidad del cambio.

No existe una real orden de prioridades: No se han atendido las prioridades básicas de las necesidades de los pueblos: los niños, la canasta básica, el empleo y el saneamiento institucional en las maquinarias de servicios públicos.

Los símbolos y el modelado: El modelado es la lectura inconsciente que la gente da a las teorías que tratan de enseñarse y que se reflejan en la conducta. Cuando el modelado o símbolo no está, la mente sufre un estado de angustia, pues carece de anclaje emocional.

En este escenario el ser humano vuelve al vientre de la madre. Desea inconscientemente que se regrese al punto de origen, donde nació la energía que capturó la voluntad de la gente, pero cuya energía se ha convertido ahora en rabia. Es por eso que una reinterpretación del paradigma América que vuelva a capturar la energía inicial, de otra manera es mera reestructuración que no tendrá el resultado buscado. Porque se sigue actuando con la misma manera de pensar, no se cumple con la nueva realidad de que la necesidad inconsciente es un regreso al origen y ya nuevas formas ocurren en la mente de la gente. Esa nueva forma choca con la realidad presente y se produce una inquietud que avanza hacia la incomodidad, y puede terminar la rabia y la violencia.

Los que están atrapados en la forma deteriorada, puesto que han sacado y siguen sacando ventajas, se resisten y continúan manteniendo la astucia provista por el pragmatismo existente.

Es en ese punto donde surge el liderazgo, porque los valores fundamentales del ser humano se hacen latentes; estos son la dignidad, la integridad y la libertad. Hay personas que captan esa necesidad y a todo riesgo, ya sea por amor, o guiados por la oportunidad, convierten esa necesidad en visión. El líder no común, que fundamenta su acción en el amor, se convierte en facilitador; el común se considera la respuesta, el iluminado.

Este es un espacio peligroso, pues los líderes comunes se convierten en antisímbolos y pueden encausar la energía y deseo de valores de los pueblos en punta de lanza para sus apetencias personales, y como el cambio es propicio para la manipulación, puede lograrse la toma total de control, que luego solo podrá sostenerse por medio de controles de presión social.

Existe la posibilidad de que el líder pueda ser bien intencionado, pero que los que lo acompañan no hayan captado la visión pero sí los beneficios que podrían derivarse, y entonces se dificulta el poder realizar un cambio sin que se entre en un proceso opresivo.

Los siguientes son los pasos que, aun inconscientemente, guían la reinterpretación de un paradigma:

> **Energía:** Es el inicio de un disgusto generalizado por la búsqueda de los valores de dignidad, integridad y libertad.
>
> **Modelo de pensar:** Todo sistema tiene el conjunto de principios que lo hará funcionar, o la realidad que debe creerse, simbolizarse y que guía el comportamiento. Si los símbolos guiados por la verdad presente pierden su vitalidad, y la conducta ya no es un reflejo del poder simbólico, entonces emerge un nuevo sistema con sus creencias y nuevas proposiciones simbólicas y de conducta. En ese punto comienza a formarse la nueva manera de pensar, que guiará el próximo paso del sistema; de otra manera el sistema entra en la fase de autodestrucción; tal fue el curso de los grandes imperios que, como el romano, perdieron con el tiempo la vitalidad y tuvieron que ser reinterpretados. Esto también es el principio sobre el cual obró el origen del Renacimiento.
>
> **El papel del simbolismo:** En el marco tradicional de la cultura humana, el ser humano no puede vivir sin símbolos. Todo sistema demanda que cada componente del mismo juegue un papel; este es el espacio del símbolo o modelado. La vitalidad de la energía del cambio es proporcional al elemento simbólico.

Conducta: Es la acción visible de que el símbolo ha sido internalizado por la gente. Es el paso final luego de que la manera de pensar y el modelado hayan sido valorizados; por lo tanto la voluntad se dirige a un proceso de mejora continua. En tiempos de transformación la gente busca en la conducta el símbolo de la verdad creída generada, aun inconscientemente, por la necesidad del cambio. Si los valores de dignidad, integridad y libertad no son observados, la desconfianza mina la voluntad para el cambio.

Cultura: Es la suma de lo anterior, o la resultante de la manera de pensar, el elemento simbólico y el comportamiento. En muchas ocasiones el sistema de símbolo se convierte en manifestaciones artísticas visibles, ya sea en la danza, las artes plásticas y otras manifestaciones denominadas folclore. Esto en sí no es la cultura, es tan solo la manifestación simbólica de la misma. Una vez establecido el cambio, el folclore es un elemento de expresión; muchas veces los artistas preceden al cambio utilizando precisamente el folclore para expresar la necesidad inconsciente que se deja sentir por la parte simbólica, y aunque no se tiene una idea final de la forma, se deja sentir por el folclore.

Refuerzo: Si el elemento simbólico expresa el sentir del nuevo modelo de pensar, entonces este actúa como un refuerzo a la voluntad.

La violación a este proceso lleva a la frustración y a la mutilación de los procesos de cambio, que es lo que hemos visto con todos los líderes de las últimas dos décadas que han tratado de introducir cambios.

Existen diez pasos que deben tenerse en cuenta para producir o facilitar un cambio de paradigma:

Reconocimiento: El cambio comienza como producto de una crisis no programada, pero pueden observarse pasos definidos en el proceso de cambio.

Encuentro con la energía inicial: Es una vuelta al origen del paradigma o manera de pensar que sirvió de fundamento para el origen de la organización, y que guió el sistema simbólico, la conducta y el sistema de refuerzo. Es el punto donde se analizan las ideas de los fundadores que le dieron vida a esa etapa.

Teorías: Surgen nuevos fundamentos, aún no elaborados por la mayoría de las personas de la sociedad, que dan un marco al desarrollo de nuevas teorías.

Diseño: Los modelos de pensar emergen y dan paso a las nuevas teorías que guían los nuevos diseños.

El liderazgo tan solo es efectivo si ha podido desarrollar la visión en el logro de la identidad, o sea la dignidad, la integridad y la libertad.

Los valores puestos en ejecución producen el reordenamiento de la sociedad y, como una consecuencia, surgen la prosperidad, la paz y el desarrollo de los pueblos.

Resumen

Permítanme hacer un resumen de puntos críticos del liderazgo:

›››	El líder recibe ataques cuando trata de instrumentar la visión sin que la gente o los líderes tradicionales sientan la misma necesidad.

›››	La visión nueva provoca la ira de los guardianes del estatus, pues quedan desposeídos.

›››	El poder de la visión está contenido en Dios, pues su diseño del ser humano es la dignidad, la integridad y la libertad.

›››	Toda persona es un líder cuando su necesidad es percibida como visión.

›› La visión que guía una causa es tan solo una etapa de la verdad eterna en un punto dado del tiempo.

›› Es erróneo tratar de cambiar las personas; si estas no tienen una visión, no tienen referencia para el cambio.

›› El sufrimiento puede provocar una crisis que dé origen a la búsqueda de una nueva visión.

›› No confunda administración, mercadeo y gerencia con liderazgo; estos son los que implementan las metas especificas de la misión producto de la visión.

›› La decisión de un líder es la suma de puntos de vista diferentes, que tienen la intención, aunque no todos coincidan. El líder parte del amor y de qué es lo mejor.

›› La energía de un líder está en su convicción del liderazgo de la visión producto de la necesidad.

›› Inspirar es procesar las emociones y las convicciones para que las personas tomen acción por su propia iniciativa.

›› Inspirar es crear un lenguaje que facilite a las personas liberarse de los temores que les impiden actuar.

›› Solo es líder el que escucha lo que nadie escucha porque no tiene amor para escuchar.

›› La inspiración es la imagen que produce la vida del inspirador, como un modelo que refresca la visión.

›› La contribución económica hacia la implementación de una visión no es una dádiva ni es una ayuda; es participación en la realización de la visión.

›› El optimismo, el gozo y el relajamiento del líder aseguran la esperanza y la fe.

›› Escuchar implica mis emociones, las de los demás, las situaciones y el amor.

›› El líder recompensa la innovación y la conducta, no tan solo el resultado de cambios.

›› El líder facilita que, basadas en la visión, las personas puedan crear su propio estándar de riesgo, dentro del marco de la dignidad, la integridad y la libertad.

>>> Cuando usted es quien toma todas las decisiones, ha aprendido el secreto de no tomar ninguna, pues la más importante es decidirse a producir personas que produzcan las decisiones que ayudan a las metas de la misión.

>>> El líder crea alianzas para la visión, no para la tarea.

>>> El líder que no tiene integridad, o la gerencia de su vida, jamás actuará dignamente con los recursos que administra.

>>> El líder que ha triunfado es el que al final de su vida no tiene nada que hacer para seguir convenciendo, pues ha sido desplazado por los que pueden seguir haciendo que la visión siga tomando forma

Desde el punto de vista del deseo de unificar los países del continente en una agenda común de supervivencia ante los cambios, Bolívar marca el punto de comienzo, quizás, hacia la búsqueda de una reinterpretación del liderazgo. El proyecto Bolívar quedó trunco, pero es importante poder revisar sus premisas dentro del marco del liderazgo no común.

Capítulo II

EL CASO BOLÍVAR

"Esta mañana pensé por primera vez que mi cuerpo, ese compañero fiel, ese amigo más seguro, mejor conocido que mi alma, no es más que un pequeño monstruo solapado que acabará por destruir a su amo."

MEMORIAS DE ADRIANO, MARGUERITE YOURCENAR

Tenía que ser el mes de julio, en el que salí hacia Europa Occidental a dictar una conferencia en el Instituto de Gerencia Europea (INSEAD), bajo los auspicios de la organización SCOS (Standing Conference for the Study of Culture and Symbolism) y de INSEAD, y luego a Berlín, donde varias universidades europeas estudiarían las diferentes dimensiones de desarrollo humano, organización y cultura. De allí salí a un recorrido por varias otras ciudades europeas, para visitar colegas en diferentes universidades.

Digo que tenia que ser en julio, porque coincide con la fecha de nacimiento de Bolívar, y al estar en España tuve una muy grata tertulia alrededor del libro *"El General y su laberinto"*, de Gabriel García Márquez.

Digo que tuvo que ser en julio porque en todos los sitios a los cuales fui, el tema forzado era desarrollo humano y cultura. Al mismo tiempo podía oírse en toda Europa la Novena Sinfonía de Beethoven, la cual es el himno para una Europa integrada. El tema de Europa 1992 evoca con tristeza el recuerdo del General.

En el momento en que Europa se disponía a hacerle frente a su historia de divisiones, guerras y héroes inmortales, digo que tenía que ser en julio, porque en ese mes asistí a dos grandes entierros: el de Adriano y el de Bolívar.

Agradezco infinitamente a Alicia Acura el haberme introducido, en su inquietud literaria, al mundo mágico de Marguerite Yourcenar, y poder viajar con esta los últimos días de Adriano. Agradezco a García Márquez que haciendo real el tema de *Vidas paralelas*, de Plutarco, me hizo viajar con él al funeral del General. Con Márquez comencé el viaje del funeral del General en Madrid, y al llegar a Suiza iba derramando las últimas gotas de lágrimas, no por el General, sino por los pueblos de América, que parecen morir sin esperanza.

Fue tan chocante para mí la experiencia del funeral, que decidí decirle a América la verdad escondida en el laberinto del General. El General, el caudillo, ha muerto; ha muerto el símbolo del héroe salvador, que tanto daño ha hecho en el deseo de los pueblos de que surja alguien que lo liberte. Pero el mito de América, la patria, ha resucitado.

Nuevamente nos encontramos con el reto de Bolívar, al mismo tiempo que con dos realidades que son un peso en la conciencia hispanoamericana: la proposición de Paolo Freire de que la problemática está dentro de nosotros –no en la esperanza de un caudillo– y el planteamiento de Eugenio María Hostos, de que la moral debe ser el elemento regulador en la vida institucional.

Reconozco la tristeza de que Bolívar haya sido, al igual que Adriano, devorado por su propio cuerpo, y sobre todo Bolívar, que dejó su obra inconclusa.

La tristeza del que le tiene miedo al cambio es que ya el tiempo en el reloj acaba de cambiar, mientras lees estas líneas.

La profecía de Bolívar

*Es posible que si Colón volviese a América,
encontrase a América como la dejó,
en taparrabos, y que luego lo queramos
colgar por culpable.*

Comprender el alcance de la muerte de Bolívar, el símbolo, está ligado a comprender su profecía, que enarbolan los enemigos de América para justificar nuestra desventura de pueblo.

Bolívar, uno de los héroes de América Latina, escribió en 1830: "He mandado veinte años, y de ellos no he sacado más que pocos resultados ciertos:

1. La América (Latina) es ingobernable para nosotros.
2. El que sirve a una revolución ara en el mar.
3. La única cosa que puede hacerse en América (Latina) es emigrar.
4. Este país (La Gran Colombia), luego de fragmentado entre Colombia, Venezuela y Ecuador, caerá infaliblemente en manos de la multitud desenfrenada para después pasar a tiranuelos casi imperceptibles de todos los colores y razas.
5. Devorados por todos los crímenes y extinguidos por la ferocidad, los europeos no se dignarán conquistarnos.
6. Si fuera posible que una parte del mundo volviera al caos primitivo, este seria el ultimo período de América (Latina) (Rangel, 1976).

Quiérase o no, las palabras de Bolívar pesan sobre la conciencia de los líderes de Hispanoamérica. Son un reto al liderato y un llamado a los pueblos de la región para un encuentro de hermanos en busca de la respuesta.

El reto de esta profecía puede ser sintetizado en tres preguntas que deben guiar la búsqueda:

1. ¿Cómo es posible que Hispanoamérica, conquistada por una sola cultura, se encuentre totalmente dividida e incapaz de formalizar una alianza de cooperación regional que los pueblos puedan entender, y obtener los beneficios del cambio y apoyarlo?

2. ¿Cómo es posible que desde su origen hasta el día de hoy Hispanoamérica sea gobernada como una hacienda?

3. ¿Cómo es posible que, en más de quinientos años de historia, Hispanoamérica no haya podido vencer el ciclo de oprimido-opresor?

Si leemos cuidadosamente *"El General y su laberinto"*, pueden extraerse de los pensamientos atribuidos al General algunos conceptos que aparentemente explican la raíz del problema, pero que –al mismo tiempo– desde el punto de vista de la encrucijada histórica en que nos encontramos hoy, son utilizados por los enemigos de América como cantos de sirena que adormecen la voluntad de los pueblos de la región. Permítanme expresar algunos de los conceptos que pude sacar del libro de García Márquez:

1. Que la idea de América unida era una amenaza para los terratenientes y ricos, los guardianes por conveniencia del nacionalismo floreciente. Que la idea de América, la Patria, le quedaba grande a los caudillos de Hispanoamérica.

2. Que Estados Unidos veía como una amenaza la integración de Hispanoamérica.

3. Que Hispanoamérica no estaba históricamente preparada para aceptar la realidad de una integración regional.

Estos planteamientos parecen abismos insalvables, pero la respuesta al "laberinto" está dentro de cada latinoamericano, no en la ilusión de doctrinas políticas importadas que mantienen a la región en constante estado de angustia; no en las falsas promesas de los políticos y caudillos pasados de historia; no en los dichos de las aves agoreras internas y foráneas, que no creen en la posibilidad de que podamos levantarnos y salir del laberinto, que si bien es una profecía y un reto en Bolívar, no es menos cierto que es una maldición en los labios de los enemigos de América.

Debemos decir junto con Bolívar: "Por favor (...) déjennos hacer tranquilos nuestra Edad Media" (Márquez, 1989). Al mismo tiempo debemos reconocer que es necesario acabar de una vez por todas con la obstrucción mental que nos impide romper con esa edad terrible.

Te invito, hermano de América, a viajar conmigo y encontrar el dulzor de la inquietud, del cuestionamiento, y redescubrir un nuevo mito para comenzar el camino de América, para iniciar una nueva jornada. Para eso comencemos el viaje final del General, y encontremos el comienzo de su idea.

El sepelio de Simón José Antonio de la santísima Trinidad Bolívar y Palacios

"Nunca pensé que iba a tener el inmenso privilegio de caminar con el Libertador en sus últimos días, de recorrer con él y sus más fieles colaboradores el camino de la gloria hacia la muerte; de conocer el secreto de la ambición humana, la traición, las debilidades de la grandeza, la virtud de ser humano, lo efímero de la gloria y, en fin, de saborear toda la gama del sentimiento del corazón en una forma tan intensa, tan real, como se siente al seguir el Laberinto del General, y con la guía del sepulturero" (García Márquez).

A veces siento de nuevo el coraje y la ira que sentí en los países por donde aquél me hizo atravesar, y el deseo de que pudiese tomar esta oportunidad para demandar de García Márquez el porqué de la crudeza en mostrar situaciones íntimas de un ser humano, como si ningún otro ser humano pasara por la misma experiencia del Libertador, o si es que nuestro guía olvidó que "no existe dama ni caballero que no tenga desolladero". Creo, no obstante, que vale más la pena aceptar la grandeza de espíritu que pensar en lo inadecuado del envase. Aceptar la grandeza de espíritu es reconocer que un hombre es tán poderoso como espacio mental tenga para llenar su cometido histórico, y es tan pequeño como el tiempo que viva para preservar un cuerpo que al fin será podredumbre.

No existe nada que pueda desfigurar al Libertador. El día que el excremento humano no sea fétido, y que su cuerpo no críe gusanos, ese día no valió la pena ni para Bolívar ni para mortal alguno el haber tenido un espíritu arropado por carne.

De todas maneras, la marcha fúnebre debe seguir, y al seguir por el laberinto del General pude ver con más claridad quién era Bolívar. Asistir a su entierro me ha dado la oportunidad de descubrir rasgos fascinantes de su persona.

A través de las múltiples paradas y situaciones que surgieron en el camino, así como por los diálogos que tuvieron lugar, debo describir al Bolívar del funeral, al Bolívar que acompañé a su muerte:

>>> **Bolívar el ser humano**: Vi en él al ser humano en toda su crudeza; lo vi igual que a cualquier otro mortal, sujeto a las mismas pasiones. Hay quienes las viven en la mente, hay quienes las viven a escondidas, hay quienes las viven sin reparos y caen vencidos como espectáculo de teatro. En todos los casos el ser humano es el mismo, es ese ser humano con todas sus posibilidades. Para el que publica sus debilidades no hay perdón ni pluma reivindicadora. En este renglón es el ser humano frente a sus hechos, frente a su carne; es la parte que nos hace comprender cuán mortales son aquellos que consideramos dioses, y cuán duros somos cuando no somos nosotros los enjuiciados. De todas maneras, Bolívar no era más que eso: un ser humano.

>>> **Bolívar el compasivo**: Se oía por todas partes el comentario de que su sueldo lo repartía entre las viudas y los lisiados, que las

viudas de América encontraron en Bolívar un apoyo ante su situación de miseria. Nadie dudó de su carácter compasivo.

›› **Bolívar el amante silencioso:** Llevó escondida en su memoria a su esposa, y nunca volvió a casarse. Solo rompió el silencio del cofre donde guardaba la perla, ya próximo a su muerte, como si el amor obtenido en el camino no fuese más que licor embriagante para mitigar una pena.

›› **Bolívar el hombre de América:** La soñó, la idealizó y la hizo su vida y su muerte. Se lo oyó suspirar, anhelar, mencionar el miedo de las potencias ante una América unida. No hay quien dude de que su amor, su patria es América.

›› **Bolívar el agradecido:** Si su espada fue canto de libertad, a la manera de su época, no lo fue menos su pluma agradecida. Antes de morir se aseguró que su compañero y servidor leal, José Palacios, recibiese la ayuda que merecía.

›› **Bolívar el visionario:** Vio el endeudamiento futuro, la tiranía futura, el daño ecológico futuro, y quizás no pudo ver todo su presente.

›› **Bolívar el solitario:** Sintió la soledad aún en presencia de sus amigos; vivió lo vano de la grandeza, la amargura de un sueño que se desvanecía y la ambición de los líderes; fue un solitario de su época.

›› **Bolívar el caprichoso:** Como todo visionario, a quien la vida le confirma sus instintos, termina encerrado en sus caprichos, que en muchos casos hacen dudar de la certeza de hacia dónde quiere ir, qué quiere lograr, y se hace difícil de leer. Hay que seguirlo de igual modo, por instintos.

›› **Bolívar y las prioridades:** Aún después de reconocer que la reconquista de Venezuela era puntal para el logro de sus ideales, mantuvo firme su decisión de unidad o nada, y conservó su compromiso de hacer de Antonio José de Sucre su sucesor.

›› **Bolívar el sabio:** Tuve el privilegio de hacer un viaje muy parecido al de Bolívar, junto a Marguerite Yourcenar, cuando la acompañé al entierro del emperador Adriano.

››› De Adriano se dice que fue casi sabio y el último espíritu libre de la antigüedad. En ese orden de ideas, puede decirse lo mismo de Bolívar. Las reflexiones del Libertador y las del Emperador se cruzan en el tiempo.

››› Ambos bien educados; ambos bebieron de la sabiduría del viejo mundo; ambos conocieron las pasiones; Bolívar sin desvío.

››› Ambos fueron a respirar a la orilla de la mar; ambos conocieron la gloria y la bajeza humana.

››› Ambos fueron llevados en su enfermedad a un recorrido final y peligroso.

››› Ambos sintieron el calor de julio.

››› Ambos admiraron la naturaleza como refugio del alma.

››› Ambos fueron acompañados en su recorrido final por un reducido grupo de amigos y un siervo fiel.

››› Ambos dudaban de los médicos.

››› Ambos hicieron provisión para sus siervos.

››› Ambos miraron por última vez, con cuidado, los objetos que no volverían a ver.

Las últimas miradas de Bolívar

"Examinó el aposento con la clarividencia de sus vísperas, y por primera vez vio la verdad: la última cama prestada, el tocador de lástima cuyo turbio espejo de paciencia no volvería a repetirlo. El aguamanil de porcelana... la toalla, el jabón, la prisa sin corazón del reloj octogonal desbocado... cruzó los brazos contra el pecho, y empezó a oír las voces radiantes de los esclavos que cantaban la salve de la seis en los trapiches, y vio por la ventana el diamante de Venus en el cielo, que se iba para siempre, las nieves eternas, la enredadera nueva cuyas campánulas amarillas no vería florecer el sábado siguiente en la casa cerrada por el duelo, los últimos fulgores de la vida que nunca más, por los siglos de los síglos, volvería a repetirse" (Márquez, 1987).

Las últimas miradas de Adriano

"Me han traído a Bayas. Con los calores de julio el viaje fue penoso, pero respiro mejor a orillas del mar. La ola repite en la playa su murmullo de seda frotada y de caricia, disfruto todavía de los prolongados atardeceres rosa. Pero solo sostengo estas tabletas para dar ocupación a mis manos que se mueven a pesar de mí. He mandado a buscar a Antonio, un correo sale hacia Roma al galope tendido. Resonar de los cascos de Vorístenes, galope del jinete recio... El reducido grupo de los íntimos se reúne junto a mí; Chavrías me da lástima; las lágrimas no van bien con las arrugas de los ancianos. El hermoso rostro de Celer está, como siempre, extrañamente tranquilo; me cuida aplicadamente, sin dejar de traslucir nada que pudiera agregarse a la inquietud o a la fatiga de un enfermo. Pero Diótropo solloza, hundida la cabeza en los almohadones. He asegurado su porvenir; como no le gusta Italia podrá realizar su sueño de volver a Gadara y abrir allí, junto con un amigo, una escuela de elocuencia; nada perderá con mi muerte. Y, sin embargo, sus frágiles hombros se agitan convulsivamente bajo los pliegues de la túnica; siento caer sobre mis dedos esas lágrimas deliciosas. Hasta el fin, Adriano habrá sido amado humanamente.

"Mínima alma mía, tierna y flotante, huésped y compañera de mi cuerpo, descenderás a esos parajes pálidos, rígidos y desnudos, donde habrás de renunciar a los juegos de antaño; todavía, un instante, miremos juntos las riberas familiares, los objetos que sin duda no volveremos a ver... tratemos de entrar a la muerte con los ojos abiertos" (*Memorias de Adriano*, yourcenar, 1989).

Adriano dio gracias porque no murió en la vejez, no pasó por esa etapa de necesidad de apoyo externo. Bolívar el sabio murió joven, en la plenitud de sus días. Adriano era un hombre acabado, Bolívar era un hombre incompleto porque América no había nacido todavía. El Adriano de Yourcenar es reflexión y pasado; el Bolívar de Márquez es presente y reto.

El suceso de Adriano es un recuerdo para Roma. El laberinto del General es nuestro: tuyo y mío. En Yourcenar, Adriano muere y con él su gloria, y en Márquez, Bolívar el símbolo del caudillo muere, pero como "mito" de su laberinto: América, la Patria, resucita. Si tenemos en cuenta la resurrección del mito, permíteme, al pie de la tumba del General, hacer un viaje de reflexión contigo.

¿Quieres saber lo que es necesario
cambiar? Lo que no funciona.
Quien escucha el trueno espera el rayo,
quien ha visto la luz sabe que
todo ha pasado.

El mito de Bolívar ha resucitado

El mito compone el conjunto de pensamientos que se narran por medio de leyendas, y que luego, en forma inconsciente, llegan a formar las verdades creídas que guían el comportamiento de líderes y sociedades. Los símbolos son los objetos o actitudes visibles que crean una emoción inconsciente en dirección del mito. El himno es la canción tema que reclama la razón de por qué creer el mito, lo ensalza, lo deifica, y provee un contacto con el alma, une mente y deseo hacia la acción. El libro es la historia escrita de donde emana el mito que va a ser hecho consciente a los seguidores. En toda unión de grupos hay un mito, un símbolo, un libro y un himno. Así también se forman las naciones, que son representadas por la bandera, el símbolo de la patria.

El símbolo del héroe crea un deseo inconsciente, que se traduce en apetencia de poder y de gloria. Hay todo un diccionario para describir los atributos necesarios del símbolo del héroe: el egregio, el perínclito, la epopeya, la grandeza, el adalid; todos estos términos y otros más que se añaden a la larga lista que identifica lo que ya es norma y valor de una sociedad, y es entonces, ya formado ese sistema de valores y hecho visible en la conducta, cuando podemos decir que existe una cultura. En Hispanoamérica la cultura del héroe puede ser vista a través de los símbolos que se ven en todas sus plazas: los héroes de espada y caballo, esculturas que son parte de una época y de por sí representan un reconocimiento auténtico al pasado; son parte real de nuestra historia. Pero el mito real del cual salieron los héroes fue América. Por lo tanto, ya el símbolo del héroe no es necesario, y debe reinterpretarse a la luz de su nueva dimensión.

En Barcelona hay una escultura de un grupo que tipifica el baile de la sardana; el grupo esta dándose las manos; es la estatua de la Amistad. ¿Que pasaría si en Hispanoamérica se hiciesen estatuas en las que en vez de héroes, espadas y caballos aparecieran hermanos de América dándose las manos?

Tenemos que admitir que la interpretación anterior del símbolo fue la del héroe que trazó fronteras, que se ensañó en su pueblo, que hizo realidad el enfermizo calificativo de caudillo. Hoy la patria es América, el mito es América y necesita de símbolos nuevos. Es por eso que aunque Bolívar haya muerto le sobrevive el mito de América la Patria.

El mito de América la Patria

Para poder comprender un poco más el concepto de América el mito, tenemos que desatar el laberinto del pensamiento del General, entretejido en tres aspectos de una dimensión histórica: a) su maldición; b) su reto y c) el mito en sí mismo.

La maldición es un concepto basado en el hecho de que su profecía ha sido utilizada por los heraldos de tiranías y corrupción, citando a Bolívar como una fuerza reafirmadora de que América no puede levantarse sobre el maleficio de la misma, y aún los hombres de bien, ricos y pobres de América, sucumben a la profecía autocumplida o efecto de Pigmalión. Es algo así como si nos hiciéramos profetas y profetizados. La profecía y el cumplimiento es el efecto de Pigmalión que ha quedado sepultado con el Bolívar de Márquez. Bolívar solo expresó una verdad enmarcada en su época, que él denominó la "Edad Media". Esta última expresión es vital para reconocer que el maleficio estaba atado a una época, a una etapa que América comienza a superar. Es así porque estamos en el estertor de nuestro renacimiento.

La crisis está llegando al punto de crisálida, cuando o nace la mariposa o muere la especie. Decir o creer que la Edad Media de América es eterna, es un insulto al rico, al pobre, al sabio y al no sabio, al soldado, al obrero; es decirnos que estamos mutilados de la mente y de la voluntad. ¡No!, ¡mil veces no! Si a algo hemos asistido en este viaje es a la muerte de un maleficio, del maleficio de Bolívar, a la muerte del símbolo, pero a la resurrección de su reto, de sobrepasar el infortunio.

El reto de Bolívar ha resucitado, porque es el reto a vencer en el corazón y la mente ese sentimentalismo nostálgico que nos sume en la miseria. Nunca antes en la historia de América Latina hizo tanta falta que se le haga frente a ese reto.

En un momento en que el mundo se divide en regiones, y todo parece indicar que de nuevo los imperios en formación mirarán a América como un botín, el destino nos coloca en la disyuntiva de que teniendo que estar ocupados en las necesidades básicas de nuestros países, tengamos que pensar en el reto que representa América la Patria.

Puede ser que los agoreros digan que es una tarea imposible, pero Europa estuvo peleando durante mil quinientos años una guerra cada veinticinco años, y dos guerras mundiales en el siglo pasado en menos de treinta años. Estuvo dividida, hecha pedazos por los tiranuelos de turno, los semidioses que enarbolaron el nacionalismo falso como una ventaja de egos inflados. Pero en 1957 Europa tomó el camino de la cooperación que culminara en 1992, y es oportuno señalar que su nuevo himno es la Novena Sinfonía de Beethoven, la canción de la amistad y la alegría. Hay una canción nueva, hay un mito nuevo. Europa estuvo atrasada casi doscientos años al federalismo que comenzó en Estados Unidos. Japón y Australia están hablando de cooperación en el Pacífico. América no puede darse el lujo de esperar doscientos años más, ni dejarse convencer de que es imposible; lo tenemos todo: la naturaleza, mujeres y hombres que saben reír ante el dolor, que saben luchar frente a vientos contrarios, que saben vivir y levantarse de crisis en crisis. ¿Por qué nos quieren convencer de que no podemos romper la Edad Media? Es cierto que Europa descubrió la cooperación sobre la ceniza de sus héroes muertos y sus hijos despedazados, pero América no va a esperar ser destruida para luego levantarse. Es ahora o nunca.

¿Quiénes oirán el llamado de América? Solo los vivos, los que no han enterrado su voluntad con la muerte del General, los que no han escuchado el canto adormecedor de las sirenas, los que ven en cada rostro de América un hermano, los que saben que el cañón es para los cobardes de ideas.

El reto de América la Patria es dolor de parto, no es aborto de esperanza. Eso es un crimen continental. Pero, sin embargo, no es un parto normal, es una criatura que se pasó de tiempo y está crecida, no sietemesina, y es más grande de lo que se piensa. Por lo tanto, es un parto con cesárea, pero es cesárea del corazón, es cesárea que corta los tejidos íntimos del orgullo propio, con lágrimas y sangre, no de hermano, pero de sentimiento humano; es llanto de hembra y macho por igual, es abrir el corazón/vientre donde está encerrada y cubierta por la placenta de la ambición de poder, es América la Patria.

El mito de América la Patria demanda mantener enterrado el símbolo del héroe para hacer que nazca el nuevo tipo de líder, no el caudillo, pálido reflejo del semidiós, héroe del Olimpo europeo. García Márquez presenta al Bolívar natural, al hombre, pero el mito, la verdad central, su sistema de creencias y valores, sobre los cuales establece la premisa de libertad, lo cual establece su conducta; vive, no ha muerto, porque todavía viven las madres del 5 de mayo en la Argentina; vive, porque todavía viven los desamparados de las favelas; vive, porque todavía viven los niños de las calles en todo el continente; vive, porque todavía viven las familias de los desaparecidos en todo el continente por las intrigas políticas; vive, porque todavía viven los cordones de miseria en todo el continente; vive, porque todavía viven los que se han enriquecido a costa del sudor del pueblo; vive, porque todavía la esperanza de los descamisados esta ahí. ¡Vive, porque hay un canto que nos enseñaron en la escuela cuando niños!

Es una canción de sentimientos inconclusos que todos añoramos; no hemos podido ver hecho realidad ese canto. Tenemos el canto, tenemos el mito, pero no han aparecido los nuevos símbolos. El Canto de las Américas estuvo trunco desde el principio porque dejamos fuera algunos países, aún cuando promovía un canto de amistad y buena vecindad.

En Europa, durante la Edad Media surgieron los mitos que reinterpretaron los antiguos mitos del Olimpo y que dieron paso al Renacimiento. Hoy, en el final de nuestra Edad Media, el mito comienza a reinterpretarse en América la Patria.

Hacia el encuentro hispano del mito resucitado y su relación con el mito europeo

*"Yo he administrado el imperio en latín;
mi epitafio será escrito en latín sobre los
muros de mi mausoleo a orillas del Tiber,
pero he pensado y he vivido en griego"*
(ADRIANO, YOURCENAR).

El encuentro hispano requiere revisar la exquisitez por las filosofías políticas foráneas, que están enmarcadas en realidades muy diferentes de la etapa de reto histórico en que nos encontramos. Hoy, frente al regionalismo y la parálisis en que estamos, se necesita iniciar un diálogo hacia la comprensión de nuestra mente colectiva, hacia las raíces de nuestra historia.

Quisiera, como un análisis comparativo, recorrer la conciencia de Europa y cómo se formaron sus realidades de liderazgo.

En la escultura de Europa aparece el mito de Europa la Patria que cabalga sobre el dios Zeus, quien, por amor, siendo dios, se hizo toro para esconder su identidad y llevar a su amada sobre sí. Remontémonos por un momento al período en que comienzan a formarse los mitos, según aparece en la Teogonía de Hesíodo. Es el período en que ya los miscenios se habían impuesto a los cnosos. Los mitos formaron el sistema de verdades centrales creídas, como resultado de las leyendas de los héroes. Según Hesíodo, Kronos, hijo del padre Cielos y la madre Tierra, se confabuló con su madre para matar al padre. La madre le dio una especie de sierra con la cual castró a su padre. Del miembro castrado salió Afrodita, la diosa del amor; de la sangre que cayó salieron los Erinyes o guardianes de los que hacen mal contra los de su propia raza. Cuando Kronos obtuvo el poder, se tragó a sus hijos para que no pudieran rebelarse. La madre de Zeus, esposa de Kronos, hizo que vomitara los hijos, pero ya no tenían voluntad para rebelarse; ella también envolvió una piedra simulando el cuerpo de Zeus; por lo tanto Zeus no fue tragado, sino que una piedra ocupó su lugar; ahora Zeus tenía la capacidad de rebelarse. Zeus y sus hermanos fueron llamados los titanes. Zeus ahora organiza su rebelión y para ello utilizaba a todos los prisioneros, y fue a pelear contra su padre en una guerra con todas las características de una "guerra de las galaxias". Una vez vencedor, Zeus se tragó a Metis, la diosa de la sabiduría. De ese suceso en adelante, los dioses se casaron con mujeres mortales y tuvieron hijos o semidioses, que se convirtieron en héroes de las leyendas que dieron origen a los mitos europeos.

Esta historia no tendría nada de espectacular si no fuese por el hecho de que narra el origen de la conciencia del liderazgo occidental. Veamos los puntos sobresalientes del mito que constituyen su cultura inconsciente:

- En la mitología griega no existe la creación.
- La mujer líder es un símbolo de traición.
- La mujer mortal es el producto de la castración del dios.
- No hay lugar para dos dioses.
- Cualquier medio es importante para alcanzar el poder.
- Los héroes son hijos de los dioses y mujeres mortales.
- La mujer es símbolo de lo mortal.
- El héroe es símbolo de lo divino.
- El héroe se inmortaliza por grandes hazañas.
- El héroe se traga a sus hijos (seguidores).
- El héroe siente como a una piedra en el estómago, al que se le opone.

>>>   El héroe se rodea de una camarilla de Erinyes.

>>>   El héroe no admite cualidades afectivas; eso es para la mujer.

Un mito que no está en esta historia es el de Tántalo, quien muere porque compartió la ambrosía, el néctar de los dioses, con los mortales. La dulzura de la gloria está reservada tan solo para el héroe.

Puede deducirse de todo lo anterior, cómo el mito del Olimpo y su símbolo del héroe creó la mente y la conducta heroica del líder europeo. Se puede sobre imponer estas características a los líderes que usted conoce, y que han llenado de sangre e infortunio a los pueblos, aunque algunos de ellos, en su amor enfermizo a las patrias, las han cargado de monumentos y recuerdos majestuosos que constituyen lo que hoy se recuerda como progreso en la antigua Europa, e igualmente en América Latina, con las edificaciones que han dejado sus dictadores.

Estos efectos pueden ser fácilmente vistos a la luz de una Europa bañada en sangre y dividida por dos guerras mundiales solo en el siglo XX, y el continuo ciclo de opresión con caudillos con sed de gloria, militares o no, que han gobernado en muchos de los países de América Latina.

La encarnación del héroe pudo verse en Napoleón, Hitler y otros. La desaparición de los líderes dio paso en Europa a que los mortales pudieran unirse en lo que es hoy el comienzo de la cooperación. El mito de Europa montada en Zeus es la realidad de la nueva Europa.

El mito de América puede cabalgar sobre sus líderes. Ir hacia el encuentro de hermanos es desarrollar una política auténtica hispanoamericana que obedezca a las necesidades de nuestra región, y que sea un reto y una acción continua, por medio de la cual prospere el desarrollo interior del liderazgo.

Si se cambia de manera de pensar, puede cambiarse de manera de actuar; pero puede simularse una manera de actuar sin haber cambiado de manera de pensar.

Dame una razón para dudar, y esa será la motivación para tener fe.

Los mitos hispanoamericanos

No pretendo hacer una exploración sino más bien provocar una inquietud sobre este tema; no obstante, quiero considerar los puntos que son clave para el entendimiento de esta etapa del viaje. Para esto, los siguientes planteamientos son vitales.

> › › › Independientemente del país, en Hispanoamérica hay mitos que son centrales e inciden sobre el modo de pensar de toda la región.

> › › › Existe la posibilidad de crear un reto a los mitos, lo cual podría ayudar a una nueva dimensión cultural.

> › › › El problema de América no es tan solo económico; este es solo la consecuencia de la realidad que hemos incluido en nuestro sistema de valores.

> › › › Somos responsables de identificar y confrontar los mitos que nos paralizan y dividen, para tomar control sobre ellos hacia la reinterpretación del líder y al cambio de la relación entre el gobierno y los gobernados.

> › › › En todo sistema la exploración que permita efectuar una tarea diferente es parte inherente en la salud y capacidad de evolucionar de dicho sistema.

> › › › Cada etapa de crecimiento demanda de un conjunto de tareas específicas, y viceversa. La inhabilidad para hacer dichas tareas supone una falta de desarrollo. Entonces se hace necesario encontrar una causa, si es que quiere buscarse la forma de mantener la sanidad y el funcionamiento del sistema.

Si tenemos en cuenta los puntos anteriores, examinemos el origen de nuestra mente, y analicemos una síntesis de los mitos que interactuaron en los diferentes grupos raciales de nuestro comienzo como sociedad.

El Índio

La comprensión del indio en Hispanoamérica va más allá de los diferentes grupos, artefactos y región; es indispensable extraer de todos sus mitos las verdades centrales que formaron la mente india –indígena– de Latinoamérica.

Al hacerlo, es también necesario ver cómo los elementos ricos de algunas verdades contenidas en esos mitos fueron suprimidos en la integración social, y solo fueron asimiladas las creencias que favorecían el orden de poder establecido. Algunos de esos mitos son:

››› La aceptación de haber sido creados.

››› La aceptación de ser hijos de la "tierra vientre".

››› Aceptaron la presencia de más de un dios creador.

››› Aceptaron el no tener riquezas.

››› Aceptaron la noción de una vida después de la muerte.

››› Reconocieron la existencia de las fuerzas del bien y del mal.

››› Aceptaron haber sido creados por transformación, y que los dioses se transformaban en elementos de la naturaleza; le otorgaban a la naturaleza carácter y poder divinos.

››› Aceptaron la autoridad del anciano o los ancianos.

››› Tenían un alto sentido de grupo.

››› El no robar era parte esencial de la vida del grupo.

Estas y otras series de mitos y verdades que se desprenden de los mitos comunes, aunque con diferentes narraciones, crearon una personalidad psicológica atada a la naturaleza, la tierra, la región, dependiente de la voluntad de los espíritus, de alto respeto a la autoridad, capaz de organizarse para responder a los intereses colectivos, en la que no robar y el respeto a los ancianos eran partes importantes del sistema de valores que se desprenden de los mitos.

Los dioses en las plantas podían curar. Tenían un alto sentido de dignidad al morir; se consideraban mortales, y la muerte era parte del ciclo de la vida. Finalmente, la mente india o indígena era sentimental, espiritual, con apego a la tierra y carente de noción de cambio.

El africano

El africano fue el primer renglón de comercio multinacional de la América Hispana. Vendido como esclavo y considerado como tal, conoció muy temprano al amo. Las verdades que se desprende de sus mitos son muy similares a las de los indios, pero acentúan tres puntos importantes.

››› Creían poder manipular los espíritus y preservaron y aún impusieron su sistema de creencias, como en el caso de Haití. Incorporaron el espiritismo europeo, como en el caso de Brasil, e impulsaron sociedades con grandes influencias como el naniguismo en Cuba..

››› Tenían un sentir nostálgico y de amargura. Sabían de dónde venían, y la crueldad del conquistador y del esclavista.

››› Desarrollaron un alto sentido de dignidad en la rebeldía; llegaron a tener el primer y único imperio libre de América: el de Cristóbal, en Haití.

Como un llanto lastimero por su dolor, crearon la magia del ritmo, transformaron el que trajeron, le dieron un nuevo sabor de liberación, de escape.

A través de su evolución, el mulato creó un sentido de independencia y de influencia social que va desde Brasil y Venezuela hasta toda la región del Caribe y Nueva Orleáns.

El sincretismo

El papel de la Iglesia en Hispanoamérica, aunque fue un papel inconsciente, es el de supresión mental, sin eliminar las cosas buenas que logró. La riqueza de los símbolos de la Iglesia, sus conceptos de esperanza futura y las múltiples esculturas, proveyeron un campo fértil de adaptación para los negros e indios y sus descendientes, porque tanto los indios como los negros encontraron una correlación cómplice entre sus dioses y los santos, entre su concepción animista y la de la Iglesia, y validaron sus creencias. Formaron así el sincretismo que se observa hoy en los cultos actuales como el vudú en Haití, el yoruba en Brasil, el santero de Cuba y el Caribe, y el llamado brujo de toda América Latina, en cuyas ceremonias de resguardo, encantamiento y exorcismo entran los santos como parte esencial.

El efecto de todo esto es una mente con un alto grado de dependencia en fuerzas externas y providenciales que pueden ser manipuladas para resolver problemas, o la dependencia en la suerte o cualquier otro tipo de dependencia simbólica; esto, junto al sentimiento de la Madre Tierra, creó un fuerte nacionalismo y la psicología de dependencia que fue bien utilizada por el mestizo y los sistemas de gobiernos que emergieron en América Latina, con características de hacienda.

En este escenario existe la gratificación social de tener un líder casi divino, encarnado en los dictadores que han surgido en el continente.

El conquistador

El mito del Olimpo y de los grandes actos heroicos de Europa fue reinterpretado en el sistema soberano de Castilla y Aragón. Es interesante que al estudiar los mitos de la Edad Media, solo Alemania y los países escandinavos, con los Nibelungos, y en España, con el Mío Cid, el héroe es reproducido con la misma dimensión que los del Olimpo.

El proceso de transformación mental que ocurría en Europa no había llegado a Castilla y Aragón, que componían la España dividida de ese entonces. El profesor Juan Bosch escribe y dice que para el tiempo de la conquista de América, Castilla no estaba preparada para ser imperio. La conquista sirvió para interpretar el símbolo del héroe en la variante de cómo hacerse rico pronto, a cualquier costo, desarrollando una mentalidad que se distinguió por:

>>> Una conducta desordenada, cruel y de privilegio.

>>> Haber formado una sociedad basada en el estatus, en la cual el amiguismo y el favor fueron los elementos dominantes en la facilitación del proceso social de bienestar y privilegio.

>>> El sistema de privilegio impuso un culto al ego y al poder de la figura, reafirmando el patrón de codependencia social.

>>> La falta del elemento moral como un regulador de las instituciones.

La cultura

No podemos hablar de cultura española en América. América tiene una cultura a la que se le ha suprimido evolucionar en su plenitud. Esa cultura no incorporó los elementos apodícticos de los diferentes grupos étnicos en el liderazgo. Esa supresión se nota porque el concepto de hacienda mantiene su hegemonía sobre el concepto de república, porque el individualismo no incorporó el bienestar del grupo; porque la honestidad y el sentido de cooperación no han sido reforzados; todo el mundo quiere ser rico rápidamente, quiere ser un caudillo; el diálogo es difícil. Tenemos que preguntarnos cómo incorporar lo que hemos suprimido y cómo reinterpretar los mitos originales. Al ser puesto en posesión como presidente de Panamá, el señor Paniagua dijo que retomaba como patrones de conducta la ética y la honestidad del inca.

Tenemos que ir a los mitos originales y ver cómo se manifiestan en la conducta actual en la política, en el gobierno, en la gerencia, en la sociedad en general.

El reencuentro con las verdades ocultas en los mitos es un reto a la forma de hacer política. Todo esto significa decirle no a los políticos tradicionales, a los que no tienen sentimientos sino mañas, y comenzar la búsqueda de hombre y mujeres de la hora de América. Tenemos dormida dentro de nosotros la belleza de una cultura de mortales, capaz de sentir amor, compasión y cooperar en la marcha hacia una nueva etapa. Es una cultura altamente moral en su deseo de que otro tipo de políticos emerjan en el continente.

En el fondo de la psiquis de nuestra cultura vive la expresión de "pobres, pero honrados", pero el desenfreno de la cultura del líder viola los principios profundos de nuestra cultura.

Quien se adelanta a su tiempo, se hace mártir, se enajena, o vive ricamente en el ostracismo de su propio mundo.
Las murallas, antes de ser de cemento y visibles, existen en la mente, invisibles.

El liderazgo

"En resumidas cuentas, los demagogos han vuelto a ganar por partida doble."
El General en su laberinto,
GARCÍA MÁRQUEZ

El liderazgo hispano es producto de la hacienda, es herencia de capataces, en que la dádiva y la dependencia son virtudes. La década del 80 del siglo recién pasado produjo un cambio sin precedentes: se vislumbra una nueva forma en el liderazgo de Hispanoamérica, pero todavía el vestigio del héroe sigue latente.

El liderazgo hispano ha variado desde el cruel conquistador, el criollo endiosado con su estatus y añoranza de grandeza, al mestizo inconcluso, con ansias de poder y de gloria; el mulato alegre, rabioso imitador inconsciente del amo.

Nuestro pasado liderazgo ha sido explosivo, sin control, duro en el ejercicio del poder, cerrado a la cooperación, rodeado de la aureola de héroe.

Fui invitado a asistir a la celebración del doscientos aniversario de la Revolución Francesa. Mientras me encontraba en Berlín, la fiesta se celebró frente al edificio del Parlamento, donde Hitler había hablado al pueblo alemán tratando de crear un cerco alrededor del mundo, como el conquistador supremo.

Frente al Parlamento, la muralla de Berlín, existente todavía, un cerco que dividía a hermanos. No pudo haber sitio ni ocasión más simbólica para celebrar la Revolución Francesa, que marca un hito en el derrumbamiento de paredes mentales y de sistemas de "dioses". No pudo haber un momento ni un sitio más apropiado, ahora que Europa olvida sus líderes viejos y sus divisiones de fronteras; no hubo un momento ni un sitio más apropiado para, en forma simbólica, recordarle al mundo que hacen falta líderes nuevos, que los líderes de cercos y barreras mentales están pasados de historia. No hubo un momento ni lugar más apropiado para poder entender el significado del mito de Bolívar: América la Patria.

Unos meses después de esta reflexión al pie de la muralla, esta cayó, lo que dio paso a la unidad de Europa.

La jornada final

Después de haber hecho un alto de reflexión, la sangre que en este instante corre por mis venas es fresca, respiro incesantemente de emoción, los pensamientos son como corrientes de oxígeno que purifican el alma. Aquí, frente a la muralla, he sentido el calor de América levantarse del lodo y de los cadáveres de sus hijos muertos. Estoy frente a la tumba del General: solo su cuerpo y su resplandor de héroe descansan en el foso, pero su sueño, el mito de América, ha resucitado, y América resurge vestida de novia y con un canto de esperanza al cielo.

Gracias por acompañarme hasta aquí. Gracias, Márquez; gracias, Yourcenar.

GENERAL, PUEDE DESCANSAR EN PAZ.

Capítulo III

EL LIDERAZGO, LA POLÍTICA Y LA MAÑA

*La experiencia de Bolívar nos lleva a
considerar las causas por las cuales no ha
sido posible un cambio que logre
armonizar los intereses de los diferentes
sectores, con la necesidad de una estrategia
de futuro para nuestros pueblos.*

H ispanoamérica es pintoresca. Tiene agudo sentido del humor, y hace un chiste de su tragedia. Hispanoamérica es de colores, y dentro de esa amalgama, risa y tragedia. El carnaval es una especie de «ritual simbólico», gráfico en muchos de nuestros países, porque representa magistralmente cada una de esas facetas.

La máscara es uno de los elementos indispensables del carnaval. La máscara está ligada al origen de la región, como parte del conglomerado de pueblos civilizados. Tanto en el indio como en el africano, fue parte esencial de sus ritos.

La máscara daba sentido de identidad
y poder a quien la usaba.

En muchos casos estaba reservada para celebraciones especiales, en las que quienes la llevaban eran reconocidos en ese instante, no necesariamente por lo que eran, sino por la personalidad de que esta los investía. Todo el poder y la autoridad estaban en la máscara; utilizarla era el medio de poseer el poder.

La maña como elemento de poder político
es la máscara que se utiliza para ser
depositario del poder contenido en ella.

La política ha venido a ser algo así como un carnaval: pintoresca, trágica y de chiste, diríamos así como algo de embuste. Lo sabemos; pero como buenos hispanoamericanos sabemos también hacer bromas de nuestra desgracia.

Sabemos que la máscara está puesta, pero el sentido de realidad nos traiciona, porque hemos dado autenticidad a aquella. Quienquiera que participe en política debe seguir el refrán: «A donde fueres, haz lo que vieres».

Creo, sin embargo, que es necesario analizar este fenómeno a la luz de tres elementos clave, porque es preciso anteponer la autenticidad a la máscara.

Porque lo cierto es que la lucha política,
lejos de satisfacer la necesidad de
los pueblos, ha hecho retroceder la
esperanza de un futuro mejor.

Los tres elementos clave son: a) la maña como una máscara de poder; b) la democracia como la frustración de algo que aún no se ha vivido y c) la moral como elemento necesario para sustituir la maña, a fin de crear un nuevo esquema socioeconómico para Hispanoamérica, consecuente con la realidad de la región y su etapa de desarrollo desde el punto de vista del ser humano.

La realidad del momento requiere un liderazgo nuevo, y por eso al analizar los tres elementos previos, es necesario hacer referencia tanto a conceptos vitales que parecen haber guiado las premisas que dieron origen al liderazgo actual, como al impacto que esto ha tenido en la aspiración democrática de nuestro continente, y la real posibilidad del cambio.

Si tenemos como punto de referencia lo antes expuesto, utilizaré los conceptos de Nicolás Maquiavelo, a fin de determinar si la maña obedece a un esquema de poder contenido en sus postulados políticos, y nada mejor para ello que *"El príncipe"* comentado por Napoleón. Aunque no incluyo sus críticas al respecto, es interesantísima la forma en que el emperador analiza su trayectoria en comparación con los postulados y consejos de Maquiavelo, algo que de seguro han hecho muchos gobernantes.

Utilizaré también *"Cómo terminan las democracias"*, de Revel, quien representa la frustración de ver que un concepto tan directamente relacionado con las aspiraciones profundas del ser humano, ni ha sido aplicado ni se defiende debidamente. Analizaré los conceptos de Hostos sobre la moral como elemento regulador en el orden social, y retador a la vez del acontecer político y que explica:

> ...por qué la maña no puede producir los resultados deseados en satisfacer la demanda del liderazgo auténtico, y se convierte, en cambio, en un abismo para el futuro de Hispanoamérica.

Introduciré un término nuevo: el líder bíblico. Haré referencia a la Biblia para analizar los principios que hacen a un líder exitoso.

Como es la intención propiciar un diálogo de hermanos en los pueblos de Hispanoamérica, enfocaré los puntos en forma breve; trataré de extraer los que son reflejos críticos de los temas aquí considerados. Este breve ensayo es parte de una serie que tiene como objetivo «conciencia y diálogo», poner puntos para conversaciones.

La maña

A verdad creída, conducta ejercitada.

«El que (...) esté sin pecado, sea el primero en arrojar la piedra» (Juan 8:7), Biblia RVR).

La maña y la conducta auténtica

Al iniciar este diálogo es bueno señalar que: la conducta es fruto de la verdad que se cree; por lo tanto, enfocarse en la conducta cuando se requiere un cambio, carece de sentido. Por otro lado, cuando esa verdad se difunde es difícil determinar qué es lo correcto, si la práctica o la abstinencia. Esto es así, porque el mal no se revela solo al practicarlo, sino cuando no se practica el bien que se debe. Por eso, cuando se trata de política, el bueno no participa, pero apoya al malo, en quien "delega" el poder de hacer el mal.

Por lo tanto, *«El que (...) esté sin pecado, sea el primero en arrojar la piedra»*.

El punto clave es entender las premisas que guían el comportamiento, puesto que después de la comprensión podremos aún estimar a la persona y no negarle la capacidad que tiene como ser humano, de aprender del fracaso y de la falta de contacto con la realidad.

Y ese es, precisamente, el problema del liderazgo: ha perdido contacto con la realidad, puesto que la premisa con que se actúa en el quehacer político está regulada por la maña; entendiendo que aunque hay líderes auténticos, el marco de referencia del liderazgo en Hispanoamérica ha sido la maña. La maña es la desviación de una conducta auténtica. Quien se vale de ella tiene varias intenciones al hacerlo:

A. Puede ser que quien la practique se sienta bien, insensible al efecto de su conducta; por tanto, la insensibilidad es el factor que guía la conducta; la satisfacción es solo el esfuerzo que acomoda a la persona a repetirla. En esta dimensión la maña es una falta de crecimiento interior.

B   La maña puede ser un truco o engaño, en cuyo caso el mañoso considera que las otras personas son tontas o merecen el engaño. En este caso, la persona tiene un concepto muy personal de la moral y una pobre estima del ser humano en general.

C   La maña puede ser una conducta sustituta. En este caso, quien la practica tiene apreciación por el ser humano, tiene plena conciencia de sus actos y, sin embargo, actúa sobre las siguientes premisas: a) que la persona que es objeto de su trato no está preparada para uno diferente, b) que es necesario hacerlo porque el ambiente lo apoya, c) es parte del juego que está definido por el patrón histórico, d) cambiar esa conducta representaría pagar un precio muy alto, e) que la manera de pensar de la gente valida, inconscientemente, su actuación, f) que las estructuras de regulación y servicio social están basadas en esta desviación de la conducta y g) que lo escuchamos, lo conocemos, pero existe una parálisis moral para cambiar el curso, y por lo tanto es mejor aprovecharse de esa circunstancia antes que arriesgarse a idear algo nuevo.

La maña viene, pues, a regular un sistema de valores, y se entroniza en el quehacer del hombre, quien a su vez diseña estrategias: a) de sobrevivencia; b) de toma de poder; c) de dominio; d) de interacción para alcanzar el éxito, etc. Podemos decir que la maña viene a ser un juego estratégico para lograr y manipular. Sería un ejercicio de buen juicio hacer un alto de reflexión y evaluar las premisas con que se juega a la política y su relación con la maña.

*La maña, como parte de un quehacer
político, toma como punto de partida
alcanzar y mantener el poder, aunque esto,
en términos generales, pueda definirse
como el «arte de gobernar».*

Esta definición está dentro de los parámetros del concepto de la maña, porque el término real de gobernar no es la satisfacción de una persona o de un grupo, sino el bienestar del pueblo.

Mientras no exista en la intención y la aplicación gobernar para satisfacer las necesidades del pueblo –aún cuando las realidades económicas sean una barrera– no se observa la conducta auténtica; se emplea la maña como instrumento de facilitación de poder, para el ego carente de desarrollo de una persona o facción.

El reconocimiento de que la maña es parte esencial de la conducta política supone un deber, y es el de comenzar un diálogo que permita un auténtico trabajo en favor de nuestros pueblos

La solución no es la violencia ni tampoco la importación de ideologías. El problema está en cada uno de nosotros; lo conocemos, lo sabemos, pero tenemos miedo de admitirlo. Admitirlo significa comenzar el diálogo abierto, significa autocrítica no destructiva, porque no genera culpa aislada y violencia dirigida; es un momento para diálogo de hermanos.

El concepto de idealismo en el análisis de este planteamiento es un mecanismo de escape a la realidad que tenemos frente a nosotros, que nos ha desangrado, que nos ha hundido en la miseria, que nos mantiene en tensión y divididos, lo que aprovechan los codiciosos de turno para llenar sus arcas, satisfacer apetencias de poder y usufructuar a los profetas de ideologías foráneas para establecer su campo de siembra, que no ha hecho más que cosechar división y muerte.

La maña, como instrumento político, tiene un origen que consciente o inconscientemente es maquiavélico en esencia.

Es cierto que los postulados maquiavélicos corresponden a realidades de desarrollo de las sociedades, que se dan en el contexto de la acción del ser humano en su ambiente; pero no lo es menos que obedecen también a etapas del desarrollo humano y de los sistemas de valores que se adoptan en cada etapa, y que en muchos casos se sostienen porque el ser humano, ante todo, ama el vivir y aprende a sobrevivir, y por eso muchos líderes, de espaldas al deseo auténtico de los pueblos, han usado el modelo de sobrevivencia de los pueblos para validar los postulados de Maquiavelo.

Es necesario explorar el impacto de Maquiavelo en el acontecer político de nuestros pueblos, para establecer un marco de referencia ideológico que escapa a doctrinas políticas, que regula la acción de los líderes. Esto es importante, porque el ser humano tiene capacidad para cambiar, pero debe comprender qué es lo que debe cambiar.

Restaurando el propósito del liderazgo

MAQUIAVELO Y SUS
CONSIDERACIONES POLÍTICAS

Maquiavelo está presente en el quehacer hispanoamericano. Leído por muchos, comentado por otros tantos, de oírlo, ya no se oye; de ver su aplicación en la vida diaria, ya no se ve. Lo que viene a ser patrón se ejerce en forma inconsciente, pero es necesario que analicemos las premisas con que se actúa hoy para poder determinar si el maquiavelismo es una ley de conducta humana o una falta de desarrollo.

Lo anterior podría motivar una exploración de conciencia personal hacia un encuentro con nuevas realidades, para establecer la relación de complemento que debe existir entre gobierno y gobernados.

Cambio y maña

«Hay tanta distancia entre saber cómo viven los hombres y saber cómo deberían vivir ellos, que el que, para gobernarlos, abandona el estudio de lo que hace para estudiar lo que sería más conveniente hacer, aprende más bien lo que debe obrar su ruina que lo que debe preservarle de ello; supuesto que un príncipe en todo quiere hacer su profesión de ser bueno, cuando está rodeado de gentes que no lo son, no puede menos de caminar hacia su ruina. Es, pues, necesario que un príncipe que desea mantenerse aprenda a poder no ser bueno, y a servirse o no servirse de esta facultad según las circunstancias lo exijan».

En esta cita Maquiavelo establece el patrón de referencia para la acción de gobernar, que tanto daño ha hecho en nuestra Hispanoamérica. Es la negación a la búsqueda de nuevas formas de hacer política; es que el pueblo no tiene conciencia de bondad, de que practicar la bondad en el líder es un término neutro, de que no puede serlo; de que la bondad es tan solo un instrumento de maña que regula el comportamiento del líder.

Por eso, la dádiva como instrumento de sostén del gobierno es parte esencial de gobernar. No hay plan de cambio, solo un plan de gobernar, un plan de poder. No existe la intención de buscar y establecer parámetros nuevos, tan solo existe la realidad visible, presente.

Lo que se hace no es para el pueblo; es para ser elegido nuevamente. Es la noción de que el hombre es malo, y de ahí parte la estrategia de acción. Es el campo de batalla entre el pragmatismo y el idealismo.

Libertad y maña

Para Maquiavelo, la libertad ha de ejercerse a través de la maña del temor; el hacerse temer es la realidad que debe regular el concepto de libertad. Ser liberal crearía falta de confianza y se perdería el dominio de la disciplina. La crueldad es elemento necesario para mantener la unidad del gobierno.

En este esquema es mejor ser temido que ser amado, pues por regla general los hombres son ingratos, ávidos de ganancias, solo apoyan cuando necesitan algo. Por tanto, la astucia debe primar sobre la buena fe.

En el esquema maquiavélico la paz interna se alcanza eliminando todo vestigio de oposición, previniendo por cualquier medio el resurgimiento del que se considera enemigo; levantando alrededor del líder un grupo de servidores fieles, que gocen de los privilegios de las posesiones del gobierno, y mantener el ejército bajo su dominio.

Esta consideración de ser temido, de eliminación de toda oposición y de la utilización de la fuerza como elemento de dominio, ha sido parte esencial de las dictaduras. Crea una conciencia de falta de lealtad al poder civil en las fuerzas armadas, al cambiar el curso del propósito de la existencia de una fuerza militar, que es la vigilancia fronteriza, no la opresión en el interior del territorio. Esta premisa de Maquiavelo ha hecho que muchos políticos utilicen los ejércitos como instrumentos de sus propósitos de poder, porque el fin es el poder, no el bienestar del pueblo. Y los ejércitos vienen a ser el termómetro de quién puede gobernar o no.

El problema en este punto es la intencionalidad; la acción de la oposición tradicional es el famoso «quítate tú para ponerme yo»; la oposición, no el ejército, debería ser un barómetro, no del gobierno, sino de cuán bien o mal está el pueblo, para ofrecer alternativas viables. Cuando los mandos de los ejércitos son apolíticos y no obedecen a las manipulaciones políticas de turno o en busca de turno, los ejércitos vienen a ser los mejores instrumentos para facilitar el cambio. De aquí que no veo la razón de que si se es ciudadano para proteger fronteras, no se pueda ser ciudadano para participar, fuera del campo militar, en elegir el destino interno que asegure el bienestar del pueblo, y de participar en obras de bienestar para la sociedad en tiempo de paz.

Creo que hemos tenido una muy baja estima de los hombres y mujeres que han pertenecido a nuestros ejércitos, que son parte de una espera del desarrollo humano; no hay un reto mayor al desarrollo que el tener ejércitos.

Los hemos puesto a un lado, los hemos separado de nuestro quehacer, y mañosamente los hemos querido convertir en instrumentos de apetencias políticas.

Familias poderosas y la maña

Para Maquiavelo, ciertos líderes llegan al poder auxiliados por el descontento de una estructura social compuesta por las familias nobles, que no necesariamente son parte de la familia del gobierno anterior, pero que en sí forman una estructura de poder cuya maña consiste en hacer subir y cambiar gobiernos.

En Hispanoamérica, el sistema de hacienda que cambió a república ha sido un campo fértil para el desarrollo de esta estructura social, donde han existido y existen grupos que regulan el poder.

Estos grupos comprenden la maquinaria y utilizan todos los sectores de poder para sus fines. Quien gobierna, lo hace con la maña de los intereses de grupos tradicionales. El pueblo viene a quedar relegado a vivir en la dependencia; la acción primaria de gobierno es sostener el apoyo que lo llevó al poder.

La maña consiste en cómo sujetar la voluntad de un pueblo en su relación con una estructura de poder; la ideología es usada como una maña para adoctrinar a aquellos que deben conformarse.

En este sistema de cosas, cualquier persona, de cualquier origen social, puede gobernar, después que cumpla dos condiciones: a) ser una «figura» que el pueblo pueda elegir y b) ser aliado del estado de cosas que impera en el orden de las estructuras sociales de poder. Este gobernante representa una seguridad. Esta manera de pensar ha sido incubadora de dictadores y demagogos, que lejos de preservar los derechos de estas familias, han acentuado lo negativo del sentimiento humano y han creado divisiones profundas en los pueblos de Hispanoamérica.

Llegar al poder en este orden es fruto de una aventura golpista apoyada; crear una imagen de poder y pueblo, y saber la maña de cómo jugar con los sentimientos de los pueblos. Es difícil colocar caras nuevas en este acontecer, porque quien ha de gobernar ha de saber todas las mañas del sistema.

El problema aquí no es dirigir a un pueblo; el problema es el arte de la maña del poder, basado en conocer y ser conocido por las estructuras sociales de poder.

Esta situación es difícil, porque las estructuras de poder son fábricas de intelectuales y de dominio de medios masivos que manejan con sutileza los metamensajes con el fin de eliminar a los que se oponen, bloquear a los que no les pertenecen y unificar el pensamiento alrededor de quien se apoya.

La maquinaria que se establece en este orden es extremadamente sofisticada, y tiene toda la capacidad para crear un nuevo estado de cosas si estas estructuras de poder despiertan a la realidad de que hoy la maña es «cosa del pasado», y que mantenerla es lo único que nos impide evolucionar hacia un nuevo orden.

Poder, maña y dominio

Maquiavelo reconoce que para mantenerse en el poder es necesario conocer la realidad de la estructura social de poder y cómo neutralizarla; el establecimiento de un grupo coercitivo de poder, al mismo tiempo que crear un ejército propio y eliminar o evitar el surgimiento de alguien que pueda ser percibido como «sustituto», el uso de prebendas y la repartición de despojos. La formación de sustitutos para continuar las obras de gobierno está ausente en este espacio.

Perpetuar la figura, ya sea de héroe, de «salvador de la patria" o «solución única», es metodología de dominio. Cuando el fin primario es el bienestar de los pueblos, no pueden existir los obstáculos hacia el cumplimiento de lo que es necesario hacer con relación al bien de los pueblos. De no producirse lo anterior, la maña viene a ser entonces el arte de bloquear salidas.

La manipulación de los grupos de poder social es llevada a cabo por la creación de un tercer grupo enemigo, a quien hay que temerle y contra quien hay que unir fuerzas. El líder se torna un elemento de seguridad, y al mismo tiempo mantiene un estado de vigilancia que tiende a desarticular los grupos de poder social, forzándolos a la alianza.

Esta perpetuación del poder, cuando no es dictadura de un hombre, puede ser la dictadura de una situación social que en sí ha provocado su estancamiento. Los pueblos se cansan y les importa poco quién gobierne; a consecuencia de ser engañados, eligen por lo menos a quien conocen, que bien o mal no podrá salir peor.

La maña, reconoce con Maquiavelo, que «el populacho es atrevido pero en el fondo es debilísimo»[1].

Se le llama debilidad a la resignación que, como fruto de luchas fratricidas e inútiles, ha hecho perder la confianza de los pueblos en las promesas de los líderes de turno; se le llama debilidad a la fatiga espiritual de los pueblos, que han esperado que sus líderes también hagan algo por mitigar su miseria, y en cambio los han visto enriquecerse y vivir de espaldas a la esperanza depositada en ellos; se le llama debilidad al anhelo de ver algo nuevo y ser cada vez engañados por aquellos que salieron del seno del pueblo, juraron defenderlo, y lo sumieron en la miseria; se le llama debilidad a la comprensión de los pueblos, que saben que el problema no es luchar contra grupos sociales coercitivos, ni contra los líderes de turno, sino con la maña o falta de una conducta real que pueda despertar a los pueblos a la esperanza y saber que existen alternativas.

Cuando se confunde el efecto con la causa, los métodos de solución solo posponen los conflictos. La causa es la maña; afrontar la maña es un acto de desarrollo interior: no tiene nada que ver con una situación; las situaciones son solo el efecto.

El liderazgo y la maña

Maquiavelo considera que nada trae más estimación a un príncipe que «las grandes empresas y las acciones raras y maravillosas.»[2]

Napoleón, comentando este pasaje, asegura que ese fue el medio de subir y de mantenerse en el poder.

La noción de liderazgo es la adquisición del poder, que tiene como causa final el poder mismo. El liderazgo entonces viene a ser un vacío existencial, que se llena con la maña de cómo lograrlo y sostenerlo.

El juego del líder ha sido peligroso, porque se practica acompañado de los que buscan la riqueza y los que aman la intriga. La noción de institución, de servicio, desaparece, y las instituciones vienen a ser instrumentos para canalizar los juegos del líder.

Esta concepción del liderazgo es un sueño de grandeza, de endiosamiento, que ha precipitado guerras, opresiones, genocidios, fratricidios, en fin, toda la gama de efectos que nacen de la causa principal: la maña de cómo ser un líder.

El problema es que en el ámbito consciente; ya la maña del líder tiene una definición, tiene una imagen, y que para alcanzar el poder esa imagen de héroe, de endiosado, caprichoso, aventurero e insensible, define al hombre fuerte, o por lo menos para participar en política hay que seguir un modelo ya definido, y por eso se dice: «El hombre serio no participa en política».

Lo triste de esta situación es que lo sabemos, lo hablamos, pero nuevamente no lo encaramos. Es necesario que reflexionemos sobre el hecho de que somos los autores de nuestro propio destino.

Es interesante notar las comparaciones que hacemos de nuestros líderes: fulano tiene más agallas que zutano, pero zutano es más astuto que mengano.

Es también interesante escuchar las promesas de los líderes, que están basadas, no en lo nuevo que va a hacerse, pero sí en lo malo que se hizo en el pasado.

En otras palabras, mi maña consiste en demostrar lo malo del otro, hasta que yo pueda hacer lo mismo. El liderazgo es de aguas revueltas. El fin es alcanzar el poder y los medios son justificados.

Pragmatismo, idealismo y maña

Maquiavelo es el padre del pragmatismo político. Su apreciación del concepto república, comparado con el origen de la América Hispana, en que la corrupción formó parte del proceso de distribución de poder, niega toda virtud a los pueblos para salir del estado de cosas en que se vive.

Según Maquiavelo, nuestros males provienen de la desigualdad que acentúa la vida de los pueblos en las repúblicas, la corrupción y la poca aptitud para la vida libre.

Hacer renacer la vida institucional fuera de la corrupción supone, según Maquiavelo, la acción de líderes virtuosos, pero al mismo tiempo señala que ningún líder viviría el tiempo que se necesitaría para restablecer el orden.

Desde el punto de vista pragmático, este concepto de Maquiavelo ha sido enarbolado por los líderes para no tomar una postura firme de cambio.

Como el liderazgo es la sed de poder por el poder mismo y no el poder como instrumento de facilitación de cambios, es mejor usar el pragmatismo versus lo que se considera «idealismo», o la capacidad de cambiar. Esto viene a ser el Caballo de Troya para Hispanoamérica.

Tenemos en el fondo de la conciencia un concepto muy limitado del idealismo; es algo quimérico, es algo fuera de la realidad en que vivimos, por lo tanto no podrá ser jamás. Esas son palabras mañosas, bien seleccionadas y articuladas para mantener el juego de la política y el poder del cual los pueblos están cansados.

Pragmatismo significa realidad, aunque la realidad sea la ilusión de la democracia, a la que tanto daño se ha hecho con los conceptos mañosos de solo tomar en cuenta la parte considerada pragmática del pensamiento de Maquiavelo.

La parte idealista entra en juego cuando ya el ejercicio de lo pragmático ha perdido su vitalidad como instrumento de acción en la sociedad en que se aplica. Hoy asistimos al fracaso del liderazgo para buscar soluciones a nuestros problemas, que de ningún modo son problemas de índole política, sino de maña, y de ningún modo son problemas ideológicos, sino de maña.

Es por eso que sería interesante analizar a la luz de la maña en función de las prácticas maquiavélicas de la política hispanoamericana, el daño terrible que se ha hecho al concepto de democracia, que quiéranlo o no los ideólogos de turno, representa la aspiración del ser humano de justicia, de libertad, exenta de dogmatismo político, que es maña para subir al poder de los nuevos amos de turno.

Antes de entrar a considerar democracia y maña, sería bueno hacer un alto y reflexionar si es cierto o no que Maquiavelo ha sido el conductor de la política hispanoamericana.

Revel, democracia y maña
EL ENEMIGO INTERNO

Cuando leemos a Revel, puede concluirse que no hay más enemigos para la democracia que sus amigos internos. La democracia es la justicia y el «contrato social» como un elemento de equidad. Pero la legitimación de ese contrato descansa en la relación gobierno-gobernados; descansa en la necesidad de cambiar la relación maña-autenticidad.

Si la utilización desviada del maquiavelismo representa la maña, Revel representa la frustración de una ilusión. El pragmatismo político que se ejerce a través de la acción de gobernar es el asesino del sueño de la democracia, que a decir de Revel, «tal vez haya sido un accidente en la historia de Occidente, que vuelve a cerrase ante nuestros ojos..., en última instancia, solo habría sido conocida por una fracción ínfima de la especie humana»[3].

Comprender a Revel implica reconocer que a la democracia no se le ha dejado fructificar: de otra manera estaríamos defendiendo una quimera, porque la democracia es en esencia la autenticidad del contrato social, que no ha existido claramente en Hispanoamérica.

Han habido intentos, intenciones y precarios ensayos, pero la falta de fe en el ser humano, en su desarrollo, da al traste con el experimento, porque la maña domina el proceso y entonces la democracia, en el contexto de Revel, viene a ser una quimera.

El ejercicio de la democracia, según Revel, ha sido frágil y efímero por las siguientes razones:

A. **La autocrítica**: la crítica como elemento esencial de la democracia, y el desacuerdo, que nos es más que una búsqueda para soluciones que refuercen el contrato social, es oportunidad velada para la maña, que en la búsqueda del dominio absoluto de los déspotas, de los buscadores del poder por el poder mismo, ausentes de desarrollo interno para cumplir con el contrato social, se lanzan a la obtención del poder, confunden la bondad de la democracia a que aspiran los pueblos con la debilidad y, como el parabólico camello bíblico, por difícil que les resulte, terminan colándose por el ojo de la aguja. Lo mismo sucede con los desilusionados de la situación, a los cuales el enemigo interno, usurpador del contrato, les ha desfigurado la democracia. Estos son presas fáciles de las maquinaciones de las nuevas ideologías, que si bien satisfacen el intelecto y la necesidad de expansión de potencias, no es menos cierto que no corresponden al esquema de desarrollo emocional de los países, y proponen soluciones de «paño nuevo en vestido viejo», que luego vienen a ser camisas de fuerza mental y política. Y las democracias se convierten en ferias de ideas de cómo llegar al poder.

B. **La pérdida de confianza**: la maña ha hecho que los pueblos pierdan la confianza en la democracia.

Se les ha dicho que viven en ella, pero nunca la han conocido plenamente. Esto es peligroso, porque se traduce en fatalismo que tiende a dejarse llevar por lo que sea; lo menos malo es lo mejor, lo peor ya se ha vivido.

Por lo tanto, se culpa a algo fuera de contexto, y la crítica, tan saludable para el crecimiento, viene a ser complejo de culpa. Y es en ese momento cuando la realidad que se conoce no define la verdad, sino la maña. En este punto entra el círculo vicioso de revolución, guerras, golpes de fuerza, la división de hermanos...

C. **La igualdad y el desarrollo**: mirar a la democracia con el ojo de uniformidad es totalitarismo, y nada más lejos de la democracia que el totalitarismo de Estado o de personas.

Si bien es cierto que la desigualdad social, en términos de justicia, obedece a la maña, no lo es menos que en lo auténtico de la democracia hay espacio para la libre empresa y para que el ser humano ejerza su más alto deber: su criterio propio, su dignidad de ser libre.

La igualdad sin desarrollo humano es opresión, es totalitarismo. Cuando el ser humano ejerce su libertad en medio del deber, que es un acto moral, según Hostos, entonces los regímenes totalitaristas de izquierda o de derecha carecen de fundamento. No es partido, gobierno ni ideología; es el ser humano que crece en la dimensión de su estatura moral lo que determina la acción, no de igualdad, sino de su complemento. Sin embargo, cerrar los ojos al hecho de que debe defenderse la democracia por la democracia misma, es abrir la puerta al enemigo; sobre todo, por el mal uso que se ha dado al concepto democracia. Es importante que de una vez por todas establezcamos, aún en oposición a Revel, que en un gobierno democrático tiene que haber bienestar para el pueblo; de otra manera estaremos dando apoyo a la falta de desarrollo de líderes que de seguro interpretarán a Revel de igual modo, y que a pesar de llamarse a sí mismos paladines de la democracia, han oprimido a los pueblos de Hispanoamérica.

Ha de entenderse que en toda dictadura de izquierda, de derecha o de situación, hay un alto sentido unitario, y que al decir de Hostos, «el estado unitario es corruptor de nacimiento»[4]. Por eso la maña no puede edificar sistemas federales auténticos.

D. **El miedo a defender la democracia:** uno de los errores crasos es la polarización de la democracia y el comunismo, en la cual Estados Unidos es la democracia y el comunismo es un sistema de pensamiento independiente que, en última instancia, podía decirse Rusia. Aún en el momento en que escribo estas líneas, el fracaso del comunismo en satisfacer a los pueblos dominados se asocia al marxismo, no a Rusia. Por el contrario, los males de la democracia se asocian a Estados Unidos. Sería un error craso también tratar de subestimar la política equivocada de Estados de Unidos en Hispanoamérica, como un factor negativo fundamental en la situación.

En el informe de la comisión del Congreso estadounidense para el estudio del problema de Centroamérica, presidido por Henry Kisinger[5], se expone que los Estados Unidos ha carecido de una política clara de interdependencia con Hispanoamérica; la relación con Europa y el Japón de postguerra es muy diferente a la que ha sostenido con el subcontinente vecino.

La política de autodeterminación ha sido una especie de «abominable santuario» para los tiranos y corruptos de turno, que enarbolaron el fantasma del comunismo para justificar sus atrocidades. Por lo tanto, muchas veces se tenía miedo de defender la democracia, porque se interpreta como apoyo a los Estados Unidos. En cuyo caso la frase de «Cantinflas» se hacía eslogan: «No me defienda, compadre».

Estados Unidos, dentro de su territorio, sigue siendo una democracia en que los parámetros de asistencia social sobrepasan los de cualquier país. Me detengo aquí, porque estaría errando el camino.

Lo importante es que la democracia no es Estados Unidos, ni debemos dejarnos acorralar con la etiqueta de «pro yankis» por el simple hecho de entender que no ha habido democracia en Hispanoamérica.

Este es un momento de transición, en que la buena intención de los hombres de Hispanoamérica puede sucumbir, pues están atrapados en situaciones en que la democracia ha sido desfigurada, y defenderla hace a la persona cómplice de la situación en que se vive. Por eso los pueblos deben saber que no han vivido la democracia, sino la maña.

En este vacío de transición es donde también los mañosos pescan en mar revuelto, y aparecen las nuevas ideologías con sus aspiraciones de poder.

Planteamos un problema del hombre mismo, no un problema del sistema en cuestión. Reconocemos que una vez que el hombre impone el sistema, los elementos reguladores del sistema tienden a hacer que el hombre se sujete a la realidad percibida; pero esa realidad percibida es maña, y puede cambiarse si el hombre se plantea como el problema.

E. La complicidad intelectual: Revel arremete contra todo movimiento intelectual que tienda a debilitar la democracia.

Pero es necesario señalar que la literatura, la pintura, la música y la reflexión filosófica, entre otros, son elementos esenciales para todo cambio. Todo cambio va precedido de un despertar artístico en dirección del cambio.

Es por eso que los dictadores, artífices de la maña, saben cómo rodearse de estos movimientos y utilizarlos a su favor. También saben utilizarlos los nuevos abanderados de ideologías extrañas. Pero la razón fundamental de que todos estos movimientos sean canalizados negativamente es que el líder, en su concepción de maña, reconoce que es líder, capta el deseo inconsciente de la masa expresado en sentimientos artísticos y se presenta como abanderado de ese deseo. Luego de cristalizado su propósito, se considera el objeto de esos sentimientos.

El líder surge como el resultado del momento; el problema es la intencionalidad con que se ejecuta la función de liderazgo.

Por esa razón tantas plumas han sido engañadas y tanto arte ha devenido como símbolo de opresión. Como recuerdo quedan los himnos, los monumentos y los murales, que rasgados o cubiertos, permanecen como símbolos de maña.

El intelectual, dentro de la democracia, ha alimentado sueños de sapiencia y ha aportado conocimientos para mantener una situación o crear otra, pero su función de ayudar al desarrollo del hombre mismo ha sido frenada.

Hacer discípulos, compartir por compartir, dejó de ser. El foco se ha centrado en teorizar, en el culto al héroe, en el erudito o en el simple medio de obtener prebendas. Hace falta un movimiento inquisitivo, pero que indague sobre valores, sobre desarrollo; no se trata de un movimiento moralista en la concepción de prácticas que respondan a esquemas místicos, sino que corresponda a la regulación del contrato de justicia y equidad.

Es en este punto en que es importante poder reconocer el valor de Hostos, en su concepción de la moral como elemento regulador del contrato social. Esto es así porque el problema de Hispanoamérica no obedece a esquemas políticos, sino a realidades humanas muy nuestras, muy de nuestro origen como sociedad organizada.

Hostos, la moral y la maña
MORAL, CONCIENCIA Y DEBER

¿Qué es la moral? Esta pregunta es importante porque su contestación establece el marco de referencia en el cual debemos elaborar nuestras ideas sobre el tema que tratamos.

La moral consiste en el ejercicio del derecho, que se origina, no en la acción física o visible, sino como resultado de un sentido del deber enmarcado en una formación de conciencia de rectitud en el conglomerado social en que se vive.

Este sentido de conciencia está dirigido hacia lo que es necesidad personal y social. Siendo que la práctica visible de la moral es el ejercicio del derecho, la moral, como conciencia de bienestar social, establece el proceso de regulación social en la dinámica dual de deber y derecho. Esta dinámica, cuando se ejercita en el contexto de la política, destrona la maña que regula el derecho.

Esa maña no siente ningún deber hacia la conciencia social, porque no parte de una base de desarrollo de conciencia, sino de símbolos de acción visibles para reforzar el ego interior, en cuyo caso no es más que un vacío de conciencia o falta de moral.

La interacción humana, entre otras variables, es gobernada por símbolos. La conducta va en dirección, no de lo que necesariamente se cree, sino en lo que se interpreta que producirá el resultado deseado.

Desde ese punto de vista el «arte de la maña» es callar la conciencia en pro de lo que se considera «normal», aun cuando lo «normal» sea amoral y se sostenga porque ya es parte de una conducta regulada por símbolos, no por lo que deba ser la realidad. De ahí la expresión de que la política «es sucia», de que los buenos no participan en ella. Sin embargo, los votos, como una expresión de símbolo, lejos de la moral, apoyan la realidad percibida.

El punto básico de la situación es no negar la realidad del aspecto simbólico, pero poder reconocer que los símbolos tuvieron su origen en la maña, y que puede haber cambio, puesto que la situación está enmarcada dentro del desarrollo humano.

Hostos, al referirse a la relación entre política y moral, señala lo siguiente: «La ineficacia de la moral en la política se ha convertido en regla de conducta universal. En los países poderosos y débiles, en las viejas nacionalidades y en las naciones recién nacidas, cuando el Estado está fundado en tradiciones, lo mismo que cuando es guiado por el derecho; si el objetivo de la política nacional es la prepotencia internacional, o si la insuficiencia de medios y recursos reduce la política a querellas de caudillos, en todas partes está la política tan divorciada de la moral, que es una prueba de incapacidad política el mostrarse inclinado hacia la moral»[6].

Este planteamiento de Hostos refleja, entre otras cosas, que la realidad percibida o maña guía el comportamiento político; que el poder como fin en sí mismo es semillero de caudillos, militares, empresarios y políticos, y que la realidad percibida actualmente bloquea la práctica de la moral como elemento regulador del quehacer político. Todo esto nos indica que los fines de la maña no son ni han sido dirigidos al bienestar del orden social, sino a satisfacer las apetencias del líder de turno.

Para muchos, resulta inalcanzable el establecer parámetros de relación moral entre la política de maña, que se considera «lo real» –aunque en verdad sea lo irreal– y el contrato social de gobierno y gobernados.

Esto es así porque, entre otras, existen las siguientes razones:

a. La respuesta está enmarcada en la actual realidad del quehacer político regulado por la maña, que niega al ser humano la capacidad de desarrollo.

b. La inmoralidad tiene vicios de validez cuando está enmarcada dentro del plano de lo político.

c. La moral como concepto regulador no ha sido entendida.

Los tres puntos anteriores están íntimamente ligados al desvío histórico que siguieron algunos líderes que han gobernado nuestros pueblos. Debemos recordar que antes que república, fuimos hacienda, y dentro de ese marco de referencia la moral no era institucional sino que la establecía el patrono. Es por ello que la maña viene a dar estructura de sistema ideológico al caudillismo que emergió y que, cambiando de nombre, a veces regula la intención de poder de muchos de los que participan dentro del marco político.

No obstante, la política, como instrumento de acción para el bienestar social, tiene un origen diferente, y es ahí donde hay que ir a buscar el punto de referencia para saber por qué la maña no puede ejercer la moral, y abandonar la idea de que la política no puede incorporar la moral.

Hostos, al tocar este punto, explica: «La realidad es que siendo el arte político un derivado de las ciencias que tienen por objeto el estudio del orden social y el orden jurídico, que directamente se basan en el orden moral, el arte político tiene que buscar sus leyes en las ciencias de que emana»[7].

La realidad de la maña pasa a ser irreal ante el nuevo orden que establece la moral como punto de partida, y del orden jurídico que apoya el orden social; lo jurídico y la acción social son instrumentalidades de lo moral. Pero cuando la maña establece «su realidad», tanto el orden social como el jurídico pierden su vitalidad, y tan poca fe existe en el líder como en la esperanza social y el ejercicio del derecho que se supone han de satisfacer. Cuando decimos nuevo orden no hablamos necesariamente de un «nacimiento», sino de un reencuentro que ya está latente en el deseo de los pueblos de Hispanoamérica, pero que requiere la dignidad del liderazgo y de los pueblos para hacerla brotar.

Dignidad, maña y complicidad

Para muchos, la dignidad es no participar en política; para otros, es sufrir con estoicismo la situación; pero en ambos casos se establece un estado de complicidad.

Al hombre auténtico de nuestros pueblos hay que honrarlo, hay que sacarlo a la luz; son necesarios líderes nuevos; al menos tenemos todavía el medio del sufragio.

Asistimos al punto culminante de nuestra civilización; el mundo no es más que un gran patio, en el cual, por la televisión de nuestra casa, podemos enterarnos de los «chismes del planeta».

Estamos atrapados en la aplicación de la tecnología, pero no en la participación del mundo de la informática y del conocimiento. No somos tribus perdidas al margen del desarrollo, somos naciones civilizadas y, como apunta Hostos, civilización y moral deben tener la misma meta. Si esto no es así, entonces podemos decir que somos civilizados dirigidos por la maña, que en este caso está fuera de época, de espacio, a años luz de la realidad que nos toca vivir en este tiempo.

La dignidad como un proceso de abstención se hace cómplice de la maña.

Deber, moral y maña

El deber es espontáneo cuando es fruto de la moral, y por lo tanto establece una relación de servicio entre gobierno, gobernados e instrumentación institucional. La maña no es espontánea; es bien planificada, bien razonada. Desde el punto de vista del razonamiento pragmático hemos llegado a la vejez; pero desde el de conciencia todavía estamos en la adolescencia en el aspecto político.

Creo que no hemos comprendido el concepto de moral en la forma adecuada; la moral la hemos ligado al dogma religioso, negando al hombre la realidad bíblica, según el libro de los Romanos, de que la ley de Dios está sembrada en la conciencia del hombre, decidiendo aún el acto de salvación en los que «sin ley pecaron», y regulando el deber de aquellos que tienen conciencia cristiana, de mostrar por medio de las buenas obras su relación con Dios. Es por eso que la falta de comprensión de la moral arroja al hombre en los brazos de la maña.

Moral, sistema, y maña

El concepto de sistema está bien definido por Hostos, quien establece la igualdad de finalidad de todos los componentes sociales, aun cuando existe la diversidad de funciones y estructuras. Lo que mantiene a un sistema unido es el sistema de información que conecta todas las partes, y la correlación de propósito entre cada una de ellas.

Hostos compara el sistema social con el sistema humano, les da posibilidad de crecimiento igual, con leyes que regulan el funcionamiento, el crecimiento y la estabilidad orgánica. En el aspecto social, la moral es el elemento que regula los aspectos de funcionamiento y estabilidad. Es la ausencia de moral, entre otras, la causa de la desestabilización del sistema socioeconómico, e inclusive ecológico de Hispanoamérica, porque la explotación de los recursos naturales y humanos, sin consideración al futuro de las generaciones venideras, crea un daño irreparable al sistema ecológico mundial y al desarrollo de nuestros recursos humanos.

La maña carece de capacidad de sistema, puesto que se funda en satisfacer deseos divididos a favor de un líder o grupo dentro del sistema social.

Moral, maña y patria

El territorialismo o nacionalismo enfermizo impuesto por los caudillos, que parcelaron a Hispanoamérica de igual modo que las haciendas es, entre otros aspectos, el resultado de un estado de la mente.

El ex arzobispo de Rochester, J. Fulton Sheen, dijo en una ocasión, parafraseando la epístola de Santiago:

«No hay guerra peleada en campos de batalla que no se haya peleado antes en el corazón del hombre.»

El conflicto solo sirve para hacer visible las líneas divisorias que existen en el corazón del hombre. Por eso, una vez empezado, se trazan líneas: la Madison-Dixon Line de la revolución norteamericana; la línea Maginot, en Francia; el Paralelo 38 de Corea; la zona desmilitarizada de Vietnam, y muchas otras que el lector puede añadir a la lista, de línea y conflicto, de demarcación de territorio. Esto sería algo insignificante si no fuera por el hecho de que esa es la forma en que la especie animal establece su dominio.

Reconozco la necesidad del nacionalismo como elemento fundamental para la sanidad mental y espiritual del ser humano, que necesita un hogar para su mente; es parte natural del ser humano.

Pero cuando ese anclaje está regulado por la maña, entonces es territorio propiedad de alguien, de un grupo específico, y a todos los demás el único orgullo que les queda es el origen, pero fuera de ahí no disfrutan de nada más; no pertenecen, son pertenencias, son medios de explotación y se juega a nombre de la patria con la bondad, la inocencia, el trabajo, la dignidad de los pueblos que han vivido divididos, parcelados en latifundios.

El ser humano, unido a su tierra como parte de ella, es un elemento universal. Lo doloroso es cuando ese ser humano que ama su tierra dice «mi patria», pero carece de pan; «mi tierra», pero no tiene dónde reclinar su cabeza; «mi cielo», pero está desamparado. En otras palabras, es algo así como si no existiese. Por eso tantas veces, buscando poseer, el hombre patriota y sin pan, patriota y sin almohada, patriota y sin cielo, elige el camino de la emigración y sale con el regreso en la maleta, y vive con los pies en otra tierra y con el corazón en su pueblo.

Los nuevos peregrinos de América no van en busca de una patria, ya la tienen; los nuevos peregrinos de América no van en busca de oro, ya lo tienen; el que otros los hayan usurpado es precisamente su tragedia.

No hay canción, no hay encanto ni poesía, no hay sueño de quimera; los sueños quedaron atrás; los nuevos peregrinos trabajan para el regreso; podrán tener camas bajo otros cielos, pero aún en el sueño sienten la brisa de sus patrias, caminan por sus campos y sus calles, recuerdan sus ríos y sus veredas. No, no, no, mil veces no, los hijos de Hispanoamérica no son bastardos ni desheredados de la fortuna; son ricos de deseos, ricos de esperanzas, ricos de sueños. No nos hagan creer en el fatalismo que convierte a nuestro futuro en un espejismo.

A la realidad que llega el que emigra es que al encontrarse con sus hermanos, podrán tener de apellido Cuba, Nicaragua, Santo Domingo, Puerto Rico, México; su expresión es la misma: somos hermanos, y la causa de nuestro encuentro, en tierra lejana, es la maña, que nos ha dividido, que nos ha separado, que nos hizo ver tanta distancia, pero qué cerca hemos estado.

Esa reunión de deseo, esa reunión de esperanza, esa reunión de sueño de regreso es un despertar de conciencia. El problema es de la maña como elemento de fraccionamiento de mente, de territorio, de hermanos, de esperanzas, de sueños, pero no podrá evitar que nos lancemos hacia un futuro de unidad de hermanos.

La política y lo auténtico

La política parte del concepto de una sociedad organizada bajo una forma de gobierno cuyo fin es la sociedad misma, que regula funcionamientos hacia la satisfacción de las necesidades de dicha sociedad. El arte de hacer política o ser político significa llevar a cabo la misión de administrar los recursos disponibles, a través de instituciones dedicadas a cada una de las áreas de importancia, de donde se desprende que como un sistema, cada institución responde a un fin común, aun cuando hay diferencia de actividades.

En este espacio, gobernar es planificar y administrar, y política es deber de todos, por cuanto las necesidades y los recursos son proporcionales, y el deber implica –entre otras cosas– sacrificio, comprensión, participación, compromiso, dedicación; todos somos responsables de nuestro destino.

Todo lo anterior demanda un diálogo profundo, no hacia la recreación ideológica e intelectual, sino a la reflexión sobre las premisas con que hemos actuado.

Entonces la formulación ideológica nace como consecuencia de la conciencia, en cuyo caso es hacerse auténticos a través del pensamiento, y en programas de acción política nacida de la realidad hispanoamericana.

Entiéndase aquí que realidad no es lo que la maña ha presentado, sino realidad en su contexto moral; es un cambio de premisa, mediante el cual todos sentimos la necesidad de un curso de acción diferente, y esa necesidad es energía hacia el deber compartido o acción moral.

La palabra política se deriva, en griego, de las palabras gobernar y ciudadano. Existe una correlación en su raíz. El cambio que la maña le ha dado es que la política es igual al poder de un hombre o partido, y el ciudadano, lejos de ser el recipiente de la acción de gobernar, es el objeto por el cual el que gobierna recibe su satisfacción de poder u otras motivaciones. Dar autenticidad a la política implica volver a su significado real.

Cierto es que lenguaje y contexto van de la mano, que las palabras tienen sentido no por su contenido semántico, sino por la intencionalidad que el contexto le otorga. De ahí que el lenguaje político carece de significado, porque al estar enmarcado en el contexto de la maña, no puede comunicar a las masas un mensaje de esperanza.

Hoy las masas consideran el lenguaje político, vacío. Si el contexto cambia, el significado cambia, la política puede ser traída al nuevo orden de cosas, se sale del contexto de la maña y entra en el espacio de nueva conciencia y deseo de cambio que buscan los pueblos de Hispanoamérica. De esa manera entramos en un nuevo contexto para poder recapturar el poder perdido de la palabra y describir la unidad de acción entre gobierno y gobernados en la satisfacción del deber y las necesidades de la sociedad.

Tenemos por delante el reto de comenzar el diálogo, el diálogo de hermanos, el diálogo que nos lleve a la reflexión, el diálogo que nos lleve a la consideración de nuevos modelos de liderazgo.

El problema serio que tenemos por delante es el hecho de que la maña ha dado origen a la desconfianza que pone en duda la intermediación partidaria y su intención de bienestar en defender el derecho y el futuro de los pueblos, en medio de un proceso acelerado de globalización, que promueve la integración y la extra-nacionalidad de las estrategias. Todo esto nos lleva a redefinir el proceso partidario dentro del marco del concepto de liderazgo no común, ya que no parece existir un marco ideológico aceptado o al menos identificado que facilite el realineamiento efectivo de los pueblos, ante el deterioro económico y la brecha económica que promueve la globalización.

Notas:

1, 2. Bonaparte, N. (1981). El Príncipe, comentado por Napoleón Bonaparte: Colección Austral. Espalsa Calpe, S.A., España.

3. Revel, J.F. (1985). Cómo terminan las democracias: Editorial Planeta S.A, Barcelona.

4. Hostos, E.M. (1974): Moral Social Colección Grandes Maestros. Editorial Vosgos, S.A., Barcelona.

5. Mcmillan Press (1983).The Report of the President's NATIONAL BIPARTISAN COMMISION ON Central America.

6, 7. E.M. (1974): Moral Social Colección Grandes Maestros. Editorial Vosgos, S.A., Barcelona.

Capítulo IV

LA GLOBALIZACIÓN, LA ECONOMÍA Y LOS PARTIDOS

*Los principios que
guían la integración*

os partidos políticos de Latinoamérica están en la encrucijada
de redefinir su papel en el escenario emergente que sacude los
cimientos de nuestro continente. El proceso de integración regional, que tiene como marco de referencia tanto la apertura que promueve la globalización como el modelo socio-político-económico del
Mercado Común Europeo, impacta profundamente el concepto de
partido político y la acción misma de hacer política.

Una mirada tanto al modelo actual de integración europea como al modelo de integración federalista que dio origen a los Estados Unidos, nos presenta los siguientes principios que son indispensables para la integración latinoamericana:

1. Eliminación de fronteras.
2. Integración de estrategias, políticas y procedimientos.
3. Comunicación.
4. Trabajo en equipo.

Estos principios no son, solamente, elementos necesarios para la creación de una región, sino que apelan al desarrollo humano de los líderes en la forma siguiente:

1. **Eliminación de fronteras**: Requiere de una capacidad mental y emocional para mantener la identidad nacional sin aferrarse a la noción de divisionismo que guió la separación de hermanos después de la formación de las repúblicas.
2. **Integración**: Requiere tanto de fuerza de voluntad para comprometerse a negociar las interdependencias, como de pensar en el bienestar complementario más que en las ventajas comparativas.
3. **Comunicación**: Requiere de un nivel profundo de comunicación a escala emocional, para lograr que las viejas intrigas cedan ante la necesidad de un diálogo honesto y sincero en pro de un balance de desarrollo comunitario en la región.
4. **Trabajo en equipo**: Requiere que los principios anteriores hayan sido internalizados, con el fin de poder utilizar las diferencias como ventajas y no como bloqueos.

El impacto ideológico de la integración

Los principios de integración afectan, también, al objetivo central y al marco ideológico sobre el cual opera ese objetivo fundamental. El objetivo podría ser el progreso de la región después de más de quinientos años de espera de justicia y paz. Lo anterior impone una redefinición del término progreso, dentro del marco de lo ideológico:

1. El socialismo tradicional, tanto el demócrata como el cristiano, basó su propuesta en la justicia y el bienestar social. Lamentablemente, en Latinoamérica, el socialismo como ideología de progreso no ha cumplido sus propuestas en los países donde alcanzó el poder,

2. El comunismo basó su propuesta en competir con el capitalismo bajo la creación de un estado industrial, donde la competitividad quedó suprimida y el concepto de sociedad sin clase social fue una utopía que trasladó el supuesto poder inicial de la dictadura del pueblo a la dictadura de una cúpula gobernante que, al igual que los partidos políticos tradicionales de nuestro continente, estableció una base de corrupción y, paradójicamente, está también en vías de desaparición una vez caído el comunismo como consecuencia del combate al que fue sometido.

3. El capitalismo, con una propuesta de libre comercio, ata a las empresas nativas debido a la libertad de competencia. El capitalismo en Latinoamérica fue interpretado y usado como una ventaja política en la construcción de un estado centralizado y poseedor de bienes, lo que dio como resultado:

>>>   El nepotismo.

>>>   La corrupción institucionalizada.

>>>   El endeudamiento.

>>>   La dádiva y la dependencia como elementos de control del poder.

4. El nuevo liberalismo, que en su etapa pasada propugnaba la eliminación de los monopolios, la libertad de acción, la empresa privada y la libre acción del emprendedor sin la intervención del gobierno, ha entrado en un conflicto profundo con sus

principios, debido a la creación de monopolios no tan solo nacionales sino transnacionales. El nuevo liberalismo limita la capacidad de pleno empleo, del emprendedor y de la mediana empresa, lo que originó las siguientes paradojas:

››› Empresas privadas que privan a otras empresas de competir.
››› La libre empresa que bloquea la libertad de empresas.
››› Empresas emprendedoras que eliminan a los emprendedores.
››› Progreso individual e independiente que hace dependiente al ciudadano.
››› Oportunidad para todos, que se reduce a unos pocos.

Todo lo anterior nos dice que es necesario redefinir un marco ideológico que acompañe a una nueva teoría de mercado, y es que quizás tengamos que cambiar la mirada desde el libro de Adam Smith *La riqueza de las naciones*, a su otro libro titulado *On Moral Sentiment*. Este último habla del aspecto moral de la riqueza.

El impacto moral

La insensibilidad de los estrategas del cambio para crear un proceso escalonado y ajustado a la realidad de nuestro continente, está causando unos efectos de dimensiones catastróficas, que cuestionan la moral de la forma en que se implementan dichos cambios.

La región latinoamericana es sacudida por un fenómeno que implica la apatía, el deseo de castigo a los líderes y partidos, y la falta de compromiso con los cambios. En este sentido, y en forma inconsciente, los pueblos latinoamericanos han roto fronteras, se han unido, se han comunicado y trabajan en equipo, y pruebas de ello las encontramos en:

››› La migración que se observa de país a país.
››› El castigo a los partidos a través del voto.

>>>   El rechazo al liderazgo tradicional.

>>>   La elección de personas ajenas a partidos o al liderazgo tradicional.

>>>   El clamor contra la privatización y otras medidas neoliberales, mal implementadas para beneficio de unos pocos.

El peligro real es la realidad de que líder es aquel que en tiempo de cambio captura la necesidad inconsciente de los pueblos y lo convierte en un proyecto de acción. Es por ello que ha sido posible el surgimiento de cantidad de líderes informales y fuera de los procesos institucionales, que si bien en algunos casos pudieran traer cambios favorables, al desarrollar parámetros nuevos que humanizan al neoliberalismo, en otros pudieran crear un sistema de integración paralelo bajo premisas antagónicas y de dimensiones conflictivas que pudieran retrasar el proceso de una integración saludable.

Todo esto conlleva un riesgo al sistema institucional y de pluralidad, que es la base fundamental de la democracia.

Las teorías político-económicas no han funcionado en Latinoamérica, donde puede decirse que teniendo riquezas enormes gran cantidad de sus países, estos han trabajado duro para ser pobres. Además, como no ha habido una intención genuina de desarrollo debido a la inmoralidad introducida en el proceso político, se pasa de un estado de falta de deseo de progreso a uno de falta de esperanza. Como consecuencia, también, de lo aparentemente inmoral del actual proceso de globalización que, según los directivos de la Organización Mundial del Comercio, ensancha la brecha entre ricos y pobres.

El resquebrajamiento institucional

El momento requiere de un análisis profundo, con un corazón latinoamericano y dispuesto a ceder en las apetencias personales en pro de la institucionalidad. Lo cual es un reto a los actores principales de la situación presente:

1. Los partidos políticos: la crisis actual tiende a quitar a los partidos la franquicia social de ser canalizadores de la voluntad popular.
2. Las organizaciones de integración regional: la integración regional avanza sin el compromiso expreso de los pueblos, ya que ni los gobiernos ni los partidos políticos han tenido un proceso efectivo de comunicación con estos, y están haciendo compromisos a espaldas de los mismos sin entender su papel de mediación entre la voluntad ciudadana y el destino de cada nación. Los ciudadanos no saben qué apoyan, no saben en qué juego participán.
3. La representación: la provisionalidad de los miembros de los procesos de integración, debido a que se siguen líneas partidistas y a que no existe un acuerdo formal de los partidos para la continuidad del conocimiento, limita en cierta manera el proceso, ya que no hay una posición nacional coherente.
4. El sector comercial: en algunos países este sector no ha tenido un papel protagónico en el desarrollo de estrategias que le permitan asegurar su existencia, por lo que lucha desesperadamente para adecuarse y no desaparecer.

Se suma a todo lo anterior la falta de coherentes modelos económicos y sociales, tanto nacionales como regionales, que den confianza a los ciudadanos de las ventajas de la integración en la distribución del desarrollo económico, todo lo cual ha ido impulsando en la región el desaparecimiento de:

> ››› La mediana empresa.
> ››› La clase media.
> ››› La gerencia media.

En este escenario se observa, además, un aumento acelerado del desempleo, el subempleo, la desigualdad en la distribución de la riqueza y la disminución de la capacidad de competir de muchas empresas.

Es de suma importancia analizar cómo el proceso de integración regional tendrá la capacidad de revertir la situación actual de nuestros pueblos.

Desde finales del siglo XX se contempla cómo las instituciones responsables de canalizar las esperanzas de los pueblos se han ido desmoronando y, de seguir el estado actual de cosas, se pone en riesgo la gobernabilidad.

Existe, por fuerza de la realidad actual, la necesidad de un reordenamiento del proceso político latinoamericano, previo a un desarrollo pleno de un sistema de parlamento, bien sea latinoamericano o por bloques regionales, como se perfila en este momento.

Centroamérica, el Caribe y el conflicto moral

La región centroamericana, con la formación del Parlamento Centroamericano, se dirige hacia el futuro con planteamientos concretos a realizarse, entre otros, en relación con:

a. La superación de los problemas actuales que enfrenta la región.

b. La participación plena de los países miembros en la búsqueda de respuestas para la región.

c. La conciliación del interés nacional con el interés supranacional representado por el Parlamento.

d. La solidaridad y el compromiso hacia una visión supranacional.

e. La conformación de una meta regional común en las áreas de lo político, lo económico y lo social, teniendo en cuenta la ecología, la seguridad y las relaciones internacionales.

Para el logro de estos planteamientos se impone la necesidad imperiosa de un marco político nacional y regional, que facilite la evolución saludable de este proyecto.

El absentismo total de los pueblos en este esquema, por el desconocimiento de qué abarca esta integración, cuáles son sus objetivos y cómo se diferenciará esta supraestructura de la estructura gubernamental y política de sus países, puede ocasionar que el Parlamento Centroamericano, en el futuro, reciba el mismo rechazo que sufren los gobiernos y los partidos que los han ignorado en la implementación de estrategias que a largo plazo le han hecho perder la esperanza en las instituciones.

En la actualidad, en muchos países, los candidatos políticos que se oponen a todo tipo de integración tienen en sus discursos un arma de lucha, y ven con beneplácito que reciban el apoyo de los votantes. Pero ese discurso, si bien es recibido por los pueblos con simpatía, tiende a socavar el último intento de institucionalización del continente. Se establece, entonces, el doble estándar moral que consiste en, primero, llegar al poder rechazando la integración y el modelo neoliberal y, luego, pasar a formar parte del Parlamento. Los pueblos ya dejaron de ser niños, y este doble estándar se torna peligroso para el futuro de la región.

La falta de una comunicación abierta y sincera con los pueblos, basada en que se cree que todavía se puede jugar a la política con estos, ha sido una de las causas del deterioro del concepto de partido y de democracia que vive el continente.

Es casi imposible que el Parlamento Centroamericano se desarrolle en forma saludable, ante la paradoja de crear una supraestructura sin el consentimiento moral de los pueblos, que no se sienten totalmente representados. Esto es así porque el abstencionismo político, la apatía y la llegada al poder con votos mínimos por la falta de participación, pone en duda el concepto de representatividad democrática en este momento. Un papel fundamental del Parlamento Centroamericano es el saneamiento del quehacer político, como compromiso máximo para alinear la voluntad de los pueblos al proceso de integración regional.

Los partidos políticos y la integración

El presente escenario político latinoamericano, como hemos establecido, está plagado de incertidumbre. A todas luces, la lucha política con agenda partidista tiende a socavar los cimientos de la integración regional. Esto se debe, entre otras cosas, a:

›››   El posible divorcio entre el discurso político y la intención de integración regional, debido al mal manejo de los conceptos de apertura que se ha dado en el pasado. Esto produce un bloqueo a la fe de los pueblos en lo que los gobiernos regionales puedan hacer.

›››   El discurso político con deseo de reconquista, que puede introducir un concepto de distancia entre lo que los pueblos aspiran y lo que la integración regional pueda proveer.

›››   La llegada al poder en el marco de esta ambivalencia, que aumenta la desconfianza en las instituciones y, después, al formar parte del Parlamento Centroamericano, llevan consigo la imagen de esa desconfianza.

›››   El divorcio existente, en la actualidad, entre los representantes al Parlamento, los partidos políticos y la base del pueblo, ya que no hay una estrategia de comunicación que clarifique la relación que se da en esta trilogía.

›››   El hecho de que todavía el quehacer político se define como el arte de alcanzar el poder, aún cuando esto implique manipular las masas votantes y operar a espaldas del deseo de los pueblos.

Se impone, entonces, la redefinición del papel de los partidos de la región, que deben dirigir la voluntad hacia la creación de partidos regionales, que eliminen el atomismo de las miríadas de partidos formados alrededor de agendas oportunistas o de estrategias de poder y, además, la elaboración de una agenda basada en la pluralidad, el desarrollo y la distribución eficiente del beneficio económico de la región.

En este orden de ideas, los partidos deben ser:

›››   Abanderados de una visión regional.

›››   Portadores de las necesidades de los pueblos.

›››   Facilitadores de la democracia al mantener la pluralidad regional.

›››   Desarrolladores de un pensamiento político de la región.

›› Responsables de la adecuación del sistema político partidista a la realidad de la integración regional, bajo los principios de dignidad, integridad y respeto.

Globalización y economía

Desde su abandono del huerto del Edén, el hombre comenzó la búsqueda de la reconquista de su identidad y del control sobre su destino. Parece ser que la tarea exclusiva de ser humano en esa búsqueda es la inmortalidad. A través de todos los periodos de su existencia ha ido desarrollando nuevas formas científicas, económicas y sociales que le garanticen su felicidad. En esa nueva búsqueda el hombre se enfrenta a los grandes cambios y a la realidad del cambio profundo por el cual pasarán los partidos políticos, que han servido de intermediarios en la búsqueda de respuesta para las necesidades de subsistencia del ser humano. Es por eso que en este capítulo me enfocaré en dos puntos de vista: en los cambios y en ofertas y realidades.

Los cambios

Al inicio de un nuevo milenio, la propuesta es globalización, un esfuerzo por conformar un sistema político, económico y social que le devuelva al hombre la identidad perdida. La globalización parece ser la ultima esperanza del hombre en la búsqueda de una respuesta a sus males, fuera de sí mismo, sin plantearse el mismo como problema, y poniendo sus esperanzas en los sistemas que crea y luego se hace esclavo de los mismos.

Es importante aclarar que el aparente lado negativo de los impactos aquí enunciados solo serán realidad en aquellos países cuya planificación nacional no tenga la capacidad de tomar en consideración estos impactos como variables a tomarse en cuenta.

En un sistema abierto, como lo es el actual, y bajo la formación de una economía de mercado, las empresas no pueden abstraerse de los impactos que provoca la nueva realidad emergente. Esto demanda que los planificadores empresariales y la gerencia de recursos humanos comprenda la importancia de los impactos emergentes. Además, se hace necesario una participación más activa del sector empresarial en la planificación nacional.

La globalización enarbolada, al principio de la década pasada, como el "bálsamo de Fierabrás", capaz de curar todas las heridas y las necesidades de los pueblos, entra en este nuevo milenio como un dolor de cabeza para las naciones.

Los cantos de sirena que prometían una serie de oportunidades se han encontrado plagados de ruidos nocivos. El problema no es acallar a las sirenas, sino cómo introducir melodía. Permítanme señalar algunos de esos ruidos:

Ofertas y realidades

1. Oferta, demanda y precio.

<u>Propuesta:</u> El incremento en oferta aumenta la calidad y disminuye los precios.

<u>Realidad:</u> El ser humano sigue siendo oportunista y avaro. La privatización ha creado nuevos monopolios, aminorando la competencia y centralizado la oferta; por lo tanto, el control de oferta ha mantenido y, en muchos casos, aumentado los precios. Las empresas buscan un rápido retorno de las inversiones. La adecuación tecnológica amerita una inversión cuantiosa. La falta de desarrollo económico rápido por ampliación de mercados junto al desempleo masivo que se ha generado, impide una demanda fuerte que facilite el retorno en la inversión. El mercado en la actualidad es estilo chino: alto volumen, bajo precio y poco margen. Quien no tenga el volumen y el mercado no puede sobrevivir. La verdad es que en muchos países no se ha visto el beneficio.

2. Capitalización, reforma del Estado y bienestar

<u>Propuesta:</u> La capitalización aumentará la riqueza de los países.

<u>Realidad:</u> La falta de ética ha hecho estragos: la venta de los activos

de los países, a veces enmarcadas en un ámbito de corrupción, a precios lejos del valor real, donde los ciudadanos no han disfrutado de los beneficios, y sin un plan de inversión y desarrollo transparente en que se sepa qué va a hacerse con ese dinero para preparar al país para la competitividad.

3. Apertura y participación económica

<u>Propuesta</u>: La apertura de mercado aumenta la posibilidad de colocar los productos nacionales en otros mercados, y estimula la eficiencia, la inversión y la competitividad

<u>Realidad</u>: La improvisación ha minado la oportunidad. En los países, en algunos casos:

>>> No han hecho un análisis ponderado, renglón por renglón, de sus ventajas comparativas.

>>> No han tenido un plan de competitividad nacional y de adecuación de las industrias y comercio nativo.

>>> No se ha impulsado, basado en un análisis de ventaja comparativa, un movimiento de consolidación de las empresas de productos y servicios, para poder competir.

>>> No se han adecuado las instituciones de apoyo como son los datos estadísticos, los servicios de inteligencia comercial, los medios de transporte, los procesos de exportación.

>>> No se ha hecho un análisis comparativo con mercados afines de la competencia de los recursos humanos.

Además de lo anterior, la inversión extranjera directa, y en forma masiva, ha ido controlando en los países las fuentes de producción y servicios que ameritan alto grado de ética, de inversión, o que se tenga mercado asegurado en el ámbito global; ese es el caso de los bancos, los grandes franquicias, las supertiendas y las zonas francas.

El nuevo liberalismo, que en su etapa pasada propugnaba la eliminación de los monopolios, la libertad de acción, la empresa privada y la libre acción del emprendedor sin la intervención del gobierno, ha entrado en un conflicto profundo con sus principios, debido a la creación de monopolios no tan solo nacionales, sino también transnacionales. El nuevo liberalismo limita la capacidad de pleno empleo, del emprendedor y de la mediana empresa, lo que origina las siguientes paradojas:

››› Empresas privadas que privatizan a otras empresas de competitividad.

››› La libre empresa que bloquea la libertad de empresas.

››› Empresas emprendedoras que eliminan a los emprendedores.

››› Progreso individual e independiente que hace dependiente al ciudadano.

››› Oportunidad para todos, que se reduce a unos pocos.

Todo lo anterior ha limitado la capacidad de competir de los negocios nativos y ha forzado a muchos a tener que unirse en forma desventajosa, primero como socios, y luego y en una segunda fase, eliminados.

4. Tecnología y desarrollo

<u>Propuesta</u>: La aplicación de la tecnología aumenta la calidad, la rapidez en el servicio y posiciona para el desarrollo.

<u>Realidad</u>: Se ha utilizado la tecnología para desplazar empleados y no se ha explicado las implicaciones de la tecnología para el desarrollo. El costo de las nuevas tecnología amerita que se tenga un mercado amplio y una posibilidad de inversión. Lo que tampoco se ha dicho es que el desarrollo pertenece "no al que tiene la materia prima, sino al que tiene materia gris". Los países que tengan la producción de patentes son los que tendrán la oportunidad de desarrollo en una sociedad tecnológica. Ya se sabe cuáles son las áreas de tecnología que promueven el desarrollo:

››› Informática y comunicaciones.

››› Biotecnología.

>>> Transportación (aeronáutica, navegación, etc.).
>>> Robótica.
>>> Nuevos materiales.
>>> Minerales para apoyar lo anterior.

Los países que no puedan desarrollar tecnología serán y seguirán siendo consumidores, mercados de consumo, y sus estrategias por fuerza tenderán a hacer:

>>> Turismo.
>>> Manufactura de baja tecnología, o en proceso de fin de vida útil.
>>> Centros de distribución.
>>> Centros de protección financiera (*"Tax heaven"*).
>>> Suplidores de alimentos agrícolas en economía de complemento.
>>> Suplidores de recursos humanos.

<u>Propuesta:</u> La tecnología habilita a los países.

<u>Realidad</u>: La tecnología crea una división profunda entre los países que podrán desarrollarse y los que no. Mueve el trabajo hacia los que puedan producir la tecnología, al mismo tiempo que acelera la pérdida de trabajo en los países no productores de tecnología.

5. Reforma del Estado y la política

<u>Propuesta:</u> Que la reforma del Estado adecentará el quehacer de gobernar, y por ende la acción política.

<u>Realidad</u>: La actitud de última chance hizo que algunos gobernantes y sus allegados políticos se enfrascaran en posicionarse para el futuro. Los partidos han entrado en etapa de decadencia.

Los pueblos, en la década pasada, abandonaron la lealtad política, ya que no vieron satisfechas sus demandas, y la confianza en la respuesta de los gobiernos descendió a su nivel más bajo. La abstención, el voto castigo y la apatía mina los procesos políticos.

Los partidos políticos han sentido el impacto de la desaparición de la ideología, y se ven minados por la incapacidad de tener una propuesta regional basada en una panorámica de mercado abierto. El foco localista, con el sistema de representación de intereses dentro del marco social, les ha hecho quedarse sin un lenguaje, lo que introdujo incertidumbre en los países, que no ven un plan claro de hacia dónde se va.

Todo lo anterior prepara a Latinoamérica para sufrir los siguientes impactos:

- Gran aumento de la deserción en los partidos políticos tradicionales.
- Posibilidad de aumento de violencia, debido al reclamo de reivindicaciones sociales.
- Desaparición acelerada de los negocios nativos.
- Considerable aumento del conflicto entre la economía formal y la informal.
- Necesidad urgente de formalizar la economía informal.
- El conflicto entre el desempleo y las prestaciones sociales.
- Aceleración de la consolidación de empresas nativas, y nativas y extranjeras.
- Desaparición de los líderes tradicionales.
- Continuación de la privatización de la educación.
- Desaparición de los recursos de la capitalización.
- Retraso en el desarrollo económico, fruto de los problemas de la naturaleza.
- Aumento significativo de distancia entre ricos y pobres.
- Aumento hasta un punto critico de los niños de la calle.

Efectos en el ser humano

Los cambios actuales tienen efectos directos en todas las actividades del ser humano; algunos de estos efectos por áreas son:

Plano social

La incapacidad de desarrollar un modelo social basado en la ética del cristianismo que se confiesa en Latinoamérica, ha creado una dicotomía entre la conducta y la práctica, lo cual ha causado confusión en la gente, que anda en la búsqueda de una respuesta a sus males. Esto se acentúa en la juventud, que carece de modelos que guíen su conducta. Por lo que veremos:

>>> La búsqueda de vida espiritual como un paliativo, aún fuera de las religiones tradicionales.

>>> Los jóvenes que huyen cada vez más de los valores tradicionales.

>>> Los jóvenes, y sobre todo las mujeres, que toman control del liderazgo, ante el vacío existente.

>>> La búsqueda de cambio dramático en los valores del ser humano.

>>> El resurgimiento de líderes de mano dura, éticos, y con amor a su tierra, lo que podría generar un nuevo tipo de dictador.

>>> El resurgimiento de las artes de protesta, en todas sus formas, en busca de una nueva respuesta.

>>> La aceleración de la formación de grupos de presión social ajenos al quehacer político, lo que promovería la anarquía, la violencia y posible terrorismo.

Economía

El proceso de cambio ha dejado a los economistas sin teorías. Hay que recordar que los conceptos económicos fueron desarrolladores para economías nacionales, con un trasfondo de libre competitividad, pero no de complemento, como lo es una economía integrada; todo esto crea un vacío de modelo e introduce una serie de males. Se añade a esto el hecho de que los economistas todavía no internalizan que:

>>> Los problemas económicos de los pueblos en vía de desarrollo son un efecto directo de la conducta.

El Producto Bruto Interno (PBI):

>>> Mide incremento de actividad económica, pero no es igual al bienestar de la sociedad.

>>> Que un reducido por ciento de empresas hacen el noventa por ciento del producto bruto; por lo tanto no es igual al crecimiento del sector productivo.

>>> Que un gran porcentaje del PBI lo generan empresas extranjeras; por lo tanto es difícil que haya tal cosa como Producto Interno.

>>> Que no es igual desarrollo económico a bienestar social.

Por tanto, en los países se verá:

>>> La aceleración de la integración para poder contrarrestar la falta de competitividad de muchos.

>>> La organización de los comerciantes para protestar y buscar alternativas frente a la falta de oportunidades para sus negocios.

>>> El lavado de dinero en el desarrollo de negocios y en el desarrollo de infraestructuras, lo que crea un espejismo de desarrollo. Esto propicia una ética de negocio difícil de combatir, ya que se propone como una salida de financiamiento.

Política

El proceso de cambio ha dejado a los políticos sin lenguaje y, por ende, sin liderazgo. Poder conciliar los intereses políticos y económicos internacionales bajo las directrices de las instituciones reguladoras, choca con lo que los comerciantes y los pueblos quieren oír para sus necesidades.

La posible integración política de Europa en la etapa temprana de esta década provocará la incertidumbre del valor de los partidos políticos nacionales, de la utilidad de la figura presidencial como autoridad última y de la autoridad de los senados en el desarrollo de leyes y estrategias destinadas a la preservación de la soberanía, en un marco de países integrados. Habrá la necesidad, bien temprano en esta década, de redefinir lo que es soberanía nacional. Por lo que veremos:

> ››› La composición de una sociedad con un fuerte liderazgo informal.

> ››› La creación de grupos de representación de intereses por sectores de la vida social.

> ››› El conflicto entre los partidos que buscan integración a nivel regional.

> ››› Figuras poco conocidas seguirán tomando el poder, fuera de los partidos tradicionales.

> ››› El crecimiento de las alianzas entre múltiples partidos para acceder al poder.

> ››› El colapso final de la forma de partidos nacionales como los conocemos hoy.

Educación

La confusión que ha tenido la educación al preparar al ser humano para el utilitarismo y siendo incapaz de dar formación, ha impactado el desarrollo social, económico y, por sobre todo, moral y ético de los pueblos. La educación basada en el desarrollo de la mente con relación a la acumulación de datos ha imposibilitado que ese hombre-número haya podido madurar, le ha creado una parálisis en el corazón, que le ha impedido armonizar el desarrollo económico con el bienestar social. El proyecto de limitar la educación por medio de la privatización puede polarizar más la pobreza y la riqueza. Esto producirá la necesidad de que la educación esté más basada en:

> ››› El desarrollo de valores.

> ››› El desarrollo de la investigación y la invención.

> ››› La simplificación e integración de profesiones, combinando

Gerencia, Mercado y Sistemas de Información; Finanzas, Gerencia Internacional, Mercadeo y Sistemas.

››› El desarrollo de emprendedores no profesionales.

››› Tecnología y práctica que harán menos necesario el salón de clases.

››› La integración de la televisión, el teléfono y la computadora cambiará drásticamente el concepto de venta y mercadeo.

La tecnología

La ciencia como parte del impulso interior del ser humano, de su identidad, producirá tres grandes inventos que serán el final de la ciencia que conocemos hasta el día de hoy.

››› La posibilidad de vencer la gravedad por el desarrollo de materiales que alteren su estructura de masa negativa y positiva. Esto permitirá el movimiento sin motor, que alterará todos los conceptos de transportación.

››› Sanar por alteración del sistema de información genética. Lo que arreglará el sistema de información que produce las enfermedades.

››› La computación basada en luces, lo que reducirá sensiblemente la utilización de partes, y junto a las memorias orgánicas, elevarán la computación a la velocidad de la luz y producirán un aumento significativo en la aplicación de la tecnología. Todo esto, también, facilitará el desarrollo del procesador de conocimientos o simulación de la manera de pensar del ser humano en la toma de decisiones.

El liderazgo

Líder es aquel que en tiempo de cambio capta el deseo inconsciente de la gente y lo convierte en un plan de acción. En momentos de cambios profundos el ser humano se queda sin símbolos. La frustración y el coraje hacen que el ser humano, en forma inconsciente, idealice un modelo de líder que quisiera seguir. La persona que encarne ese símbolo se convierte en líder. El ataque, en cualquier forma, a un líder que emerge de esa forma, lo único que hace es provocar más simpatía. Los políticos no están preparados para la lucha de símbolos, pues son extremadamente pragmáticos. Esto producirá:

››› El resurgimiento de lideres carismáticos que movilizarán las masas.

››› El derrumbe de los modelos de liderazgo que se conocen en el día de hoy.

››› La posibilidad de que los líderes emergentes aglutinen grandes masas.

››› La continuación de la desaparición de instituciones políticas que otrora fueron famosas.

››› Que los pueblos se lancen a la búsqueda inconsciente de figuras mesiánicas.

Empleo

El modelo neoliberal y el uso de la tecnología son los dos grados aliados para promover el desempleo y el subempleo. Se sabe que en los centros de las bolsas de valores una baja en venta de tecnología y un aumento en el empleo reduce el índice numérico de las bolsas de valores. La fusión de grandes negocios para hacer más eficientes los recursos trae como resultado reducción de empleos. El crecimiento de la economía de servicio tiende a producir un aumento en el nivel de empleo, pero un análisis critico nos lleva a visualizar que este crecimiento de empleo se da bajo las premisas de trabajos de salario mínimo, jornada parcial y rotación de empleos, lo que es posible por el alto índice de jóvenes en las sociedades hispanas. Todo esto producirá:

››› Que cada día haya menos compromiso de los empleados.
››› El sabotaje silente, o falta de apoyo al cambio.
››› La ira flotante que desarrolla la clase trabajadora.
››› La ley de mínimo esfuerzo.

››› La proliferación de micro-empresas como un nuevo modelo de empleo.

››› La posibilidad de huelgas y luchas laborales.

Sin duda alguna, los gobiernos de turno tendrán que tener una política nacional de largo alcance, fuera de líneas partidistas, para desarrollar respuestas estratégicas bien temprano en el inicio de este milenio. De otro modo, será llevar a los países a la incapacidad de posicionarse para sobrevivir, lo que los hundirá en el caos.

Las empresas se ven en la necesidad, junto a los gobiernos, de establecer las estrategias de recursos humanos que van a responder a estos impactos críticos.

Medio ambiente

La desestabilización del medio ambiente fruto del efecto invernadero, así como los procesos de erosión acelerados por el hombre, pone a los países en riesgo de retrasar su proceso económico. En este aspecto podemos esperar:

››› El incremento de los ciclones.

››› El incremento de las inundaciones.

››› El incremento de terremotos.

El impacto devastador que lo anterior tiene en la agricultura, las viviendas y la infraestructura implica, volver a redefinir los conceptos de zonificación, viviendas, cultivo y desarrollo.

Países y regiones no incluidos

El hecho de que el continente africano, los países árabes y otras regiones no hayan tenido una visión clara de inserción en el proceso de globalización, ponen en peligro la paz mundial y el proceso de cambio. Podemos añadir a la Federación de Rusia, ya que todavía no ha podido hacer la transición en forma efectiva. Por lo que veremos:

>>> Incremento en la violencia.

>>> La idea de formación de otros bloques económicos.

>>> Inestabilidad económica mundial producida por la incertidumbre en esos países y regiones.

>>> Peligro de revoluciones y guerras intestinas en esos países y regiones.

>>> Aumento en el terrorismo y ahora los peligros del terrorismo cibernético y el atómico.

>>> Incremento en la criminalidad.

>>> Aumento en el suicidio.

>>> Aumento en el consumo de adictivos.

>>> Aumento en enfermedades psicosomáticas.

Esto traerá por resultado un movimiento militar soslayado que trate de pacificar el mundo. Lo que es el preludio para el desarrollo de un gobierno con características mundiales.

El proceso de globalización, guiado sin una cosmovisión de los valores que Dios implantó en el hombre, produce como resultado una brecha más amplia entre riqueza y pobreza, una concentración de bienes en un grupo mínimo de personas y la creación de un nuevo modelo de gobernar, en el cual el poder descansa en las multinacionales.

Todo ello impide la creación de riqueza dentro del marco de la libre empresa, el individualismo y el que cada persona tenga oportunidades basadas en su esfuerzo, que son los pilares de los principios de la ética protestante. Esto demanda que revisemos los valores fundamentales con que Dios creó al hombre.

Todo lo anterior nos impone el reto de cómo armonizar la globalización con:

1. La dignidad.
2. La integridad.
3. La libertad.

El reto que tenemos por delante es reconciliar los valores fundamentales del ser humano con el desarrollo económico; de otro modo estamos al borde de comenzar un curso de entropía social que solamente podrá reencausarse con la formación de una autoridad mundial, como lo sugirió el Papa Juan XXIII en la encíclica *Paz en la Tierra*.

Más adelante describiré más profundamente el significado de estos valores en la vida del ser humano, y en el cambio que este puede producir en la sociedad. Todo cambio es impulsado por la visión y el desarrollo interior del ser humano en la etapa de la vida que le toca vivir; por lo tanto, el ser humano es responsable de dónde estamos hoy. Debemos, pues, proponer al ser humano como el problema fundamental, no a los sistemas.

En este momento es imperativo, además, que nos enfoquemos en reevaluar dónde estamos hoy con los cambios que hemos implementado. Debemos partir de la aceptación de nuestros errores que resultan de las premisas con que hemos dirigido dicha implementación.

Partamos de la buena intención de que quienes impulsaron la globalización tenían en mente un aumento en la oferta, como punto de partida para hacer más accesible en precio y variedad los productos y servicios, y que por incapacidad de armonización hemos tenido los resultados que hemos tenido. Para algunos, esta proposición puede ser infantil, pero volvamos a ese niño creativo, en búsqueda de respuestas, y comencemos con la realidad de que las que hemos obtenido hasta el día de hoy no han sido las deseadas; entonces podemos identificar los siguientes puntos:

1. Lo que debemos reconocer:

- ›› Crecimiento económico no es igual a bienestar social.
- ›› Apertura no es igual a crecimiento de mercado.
- ›› La libre empresa no es libre, pues no se compite en igualdad de condiciones.
- ›› Los monopolios nacionales pasaron a ser internacionales.
- ›› La capitalización no ha financiado el desarrollo.
- ›› La cadena de valor agregado no ha sido empatada.

>>> A la empresa privada la han privado de competir con justicia.

>>> Pasamos de gobierno centralizado a competencia centralizada.

>>> Los servicios no han mejorado, como se esperaba, y en el sector público han empeorado.

>>> Accesibilidad y volatilidad financiera ponen en riesgo constante a países y empresas.

>>> Limitan las oportunidades de desarrollo en muchos países.

2. Desarrollo y sobrevivencia:

Se une a lo anterior el hecho de que los elementos críticos para el desarrollo se han ido afinando, conformando un esquema muy difícil para los países en vía de desarrollo, ya que toma prioridad la tecnología como base para el desarrollo, pero enfocada a la propiedad intelectual y el alto costo de investigación y desarrollo. Puede decirse que no puede hablarse de desarrollo para los países, que ya no lo son, sino más bien de sobrevivencia. La nueva situación del desarrollo dicta que los países que se desarrollarán serán aquellos que tengan la propiedad intelectual para la tecnología que apoya el desarrollo.

Las tecnologías para el desarrollo:
>>> Biotecnología.
>>> Informática.
>>> Comunicación.
>>> Transportación.
>>> Materiales.

Los países que no tengan esta tecnología son países de supervivencia y solo podrán establecer estrategia de consumo, de apoyo a los desarrollados.

Estrategia para países consumidores:
>>> Turismo.
>>> Distribución.

›››   Manufactura.

›››   Agricultura: canasta-complemento.

›››   Protección financiera.

3. La apertura sin fundamentos de transición:

La realidad es demasiado contundente para negar el hecho de que el proceso de apertura en Hispanoamérica, que trata de emular a la Unión Europea, no ha tomado en cuenta los programas preparatorios que dicha Unión estableció como requisito para todo país con deseo de ingresar a la misma. Estos requisitos representaban una transición escalonada en la inserción:

›››   Metas sociales (*"social charters"*).

›››   Desarrollo de áreas deprimidas.

›››   Fondo para la creación de empleos.

›››   Armonización de currículos técnicos.

›››   Las directivas.

4. No reconocimiento de los fundamentos críticos:

Plan nacional de competitividad:

›››   El involucramiento total de los productos del país.

›››   Reconocer que una integración regional se fundamenta en una economía de complemento, donde cada sector productivo identifica las estrategias de inserción para competir, puesto que los renglones a mercadearse están basados en quien los produzca más barato y con mejor calidad, y los demás países se convierten en suplidores complementarios.

›››   Adecuación estadística para planeación-adecuación de la canasta básica.

›››   Adecuación de la infraestructura de transporte y comercialización, que regulariza la intermediación, con el fin de ayudar al mejoramiento de la accesibilidad a la canasta básica.

5. Reconocer los impactos regionales:

›› Los negocios y los mercados no son nacionales.

›› Integración con negocios de otros países, para competir.

›› Alianza regional para capturar mercados.

›› Alianza tecnológica.

›› Alianza financiera.

›› Valor agregado.

6. Insertar al empleado. Tenemos que hacer socios a los empleados:

›› Valor agregado.

›› Acciones.

›› Distribución de beneficios.

›› Equipo.

›› Centro de aprendizaje continuo.

7. Reconocer las fuerzas globales:

El destino de nuestros pueblos está en las manos del Fondo Monetario Internacional, el Banco Mundial, la Organización Mundial del Comercio, las Naciones Unidas y las supra-organizaciones políticas que se forman como el Nafta, Mercado Común y la Unidad Asiática.

Se impone, por fuerza de necesidad, un plan nacional de adecuación, que considere todas las variables anteriores y que posicione al país para sobrevivir.

Capítulo V

CÓMO LOGRAR EL COMPROMISO DE LOS PUEBLOS

Manual político para la globalización

La suerte está echada. La regionalización seguirá avanzando a pasos acelerados. Primero los bloques sectorizados y luego toda la región. El Pacto Centroamericano no es más que un ejercicio para la comprensión de lo que será la inserción en el Tratado de Comercio Latinoamericano que comenzará en pleno vigor en 2005.

Por lo tanto, entender el impacto de todo este proceso es de vital importancia.

El compromiso de los pueblos

Nadie se compromete con lo que no comprende. Los pueblos no quieren ni les interesa el aprendizaje teórico de lo que debe ser o de lo que va a hacer; tan solo quieren ver cuál es el beneficio a corto y a largo plazo y, como no lo ven, no entienden.

Tratar de presentarle a los pueblos la necesidad de ajuste para enfrentar los cambios es precisamente el dolor que llevan sobre sus costillas por quinientos años. Ese tipo de mensaje es irritante al subconsciente de los pueblos.

Es necesario repensar el presente proceso de cambio y lograr la inserción de la voluntad de los pueblos al mismo.

La repetición de los años de 1960

Los pueblos están fatigados, esperan una respuesta a sus males. Han escuchado toda suerte de promesas y han alentado grandes esperanzas, pero el mensaje del cambio actual, lejos de presentar una seguridad, tiene todo el contenido de una nota fúnebre.

Los pueblos están confusos; no pueden comprender que el poder político comienza a ceder ante el poder económico, que el nuevo modelo demanda competitividad. El siguiente esquema nos muestra lo difícil que puede ser la situación emergente.

El desconcierto aumenta

Los pueblos latinoamericanos han sido lacerados por el proceso de intriga política; la mayoría carece de vitalidad para enfrentar el reto del futuro con la energía que se necesita para poder mantener el entusiasmo y el sacrificio que el cambio requiere.

Una mirada al proceso electoral es desconcertante, si se toma en cuenta la forma en que se dan las elecciones, en las que ningún candidato alcanza la mayoría necesaria para unificar al pueblo.

El desconcierto aumenta cuando se ve que los partidos mantienen sus disputas de poder, sin capacidad de concertación para trazar y emprender las estrategias de competitividad necesarias para impulsar los países.

En medio de este acontecer será difícil que los pueblos apoyen los cambios, en un escenario en el que la división de los lideres y los partidos que estos representan son los mayores obstáculos al proceso de desarrollo.

Lo que sigue es la reproducción de un pequeño folleto cuyo contenido es un análisis de lo que hay en la mente de los pueblos. Es el producto de mi exposición a miles de personas en varios países de Latinoamérica, a través de mis conferencias y de hacerles preguntas y escuchar sus respuestas y ver sus reacciones. Va dirigido a provocar un análisis sobre lo que es necesario hacer para corregir el rumbo que llevamos. Originalmente está dividido en capítulos, pero en esta ocasión lo hemos dividido en partes para evitar una posible confusión con los capítulos de este libro.

La mejor manera de leer –entiéndase comprender– este proyecto, es preguntarle a las personas sobre cuáles son sus quejas y compararlas con las que están en este manual. Es importante leer este manual con un corazón de futuro, dejar a un lado la contaminación intelectual y política, y ver y sentir lo que los pueblos sienten.

Parte I: La ilusión política

Los habitantes del planeta Tierra de esta era han visto los cambios más dramáticos de toda su historia. Los últimos cincuenta años han sido de cambios profundos en el quehacer político. Pero parece que no se ha aprendido la lección de que:

a. Cayeron los grandes héroes de la humanidad.
b. Cayeron los dictadores.
c. Cayó el muro de Berlín.
d. Están cayendo las fronteras.
e. Los enemigos del siglo se están uniendo en Europa.

f. La moneda está en proceso de caer.

g. La distancia cede ante el Internet.

h. El conocimiento cede ante las redes interactivas.

i. Los sucesos del mundo no tienen tiempo, distancia ni privacidad.

j. La abstención electoral es alarmante.

k. El voto castigo es un instrumento de frustración.

l. Mientras menos conocida es una figura, más posibilidades tiene de ganar una elección.

Con todo lo anterior, los políticos siguen pensando que los pueblos:

a. Son ignorantes.

b. No hay que tomarlos en cuenta en los cambios.

c. No se enteran de lo que pasa en otros sitios.

d. No están comunicados entre sí.

e. No han visto el fracaso del liderazgo.

f. No ven televisión.

g. No tienen Internet.

h. Seguirán esperando en los partidos.

A pesar de todo esto, los pueblos están más conscientes que nunca de cuáles son sus derechos, y cada día existe más la posibilidad de explosiones auténticas, como ya se ha visto en varios países, en que líderes fuera del contexto de partidos políticos encabezan las protestas de las masas.

Se es iluso si se piensa que se puede seguir avanzando sin diálogo, sin el compromiso de la gente y con la gente.

Todo parece indicar que los que hacen los cambios piensan que se puede seguir ignorando el descontento y la desconfianza sin que haya un estallido de proporciones dramáticas en muchos países.

Todo parece indicar que se juega al juego de acorralar al gato o de probar la paciencia del mismo. Se olvida que lo elástico tiene un punto de rotura.

¿De quien será la ceguera? Se dice que no hay peor ciego que el que no quiere ver. El momento actual es de trabajar en equipo, de entender qué nos hará trabajar juntos. No creo que el proceso de polarización pueda seguir avanzando sin que haya una rotura.

El deber de todo aquel que tiene fe todavía en la democracia, en el libre comercio, en la competitividad, es propulsar un cambio donde todos salgamos ganando. La retórica comunista de igualdad sin competitividad está obsoleta, pero también la retórica capitalista debe asegurarse de que el individualismo sin responsabilidad social no se le revierta en caos.

El tiempo del paternalismo y del proteccionismo quedó atrás, mas no así el supremo deber de que todos fuimos creados iguales ante Dios, y de que las oportunidades deben ser una opción, no un privilegio.

Las quejas de los pueblos

Los pueblos de Latinoamérica ven con asombro a los gobernantes, que todavía piensan que:

a. Se vive en la década de 1940, cuando el discurso era un paliativo para la necesidad y el miedo, un condicionante para la estabilidad.

b. La falta de protesta es aceptación de los cambios.

c. Puede seguir el proceso de favorecer a una elite, sin que en un momento dado los ánimos se levanten.

d. El deseo de tranquilidad es un cheque en blanco para la falta de compromiso con los sectores de más necesidad.

e. No se han dado cuenta de que el sector de mayor necesidad viene a ser la clase media, y también los profesionales jóvenes.

Puntos críticos para el desarrollo de estrategias

En el presente escenario es importante la consideración de las siguientes necesidades perentorias:

a. Aliviar la carga impositiva a la clase media. Crear una política de protección de empleo, al menos por dos años.

b. Crear un mecanismo de comunicación con los pueblos, por medio del cual se logre un entendimiento para el cambio.

Parte II: Los fundamentos del cambio

Poder diseñar estrategias de inserción de los pueblos al cambio, requiere de un análisis de las estrategias criticas que se siguen y ver los ajustes necesarios. Analicemos algunas de estas:

La apertura: Supone el tránsito libre de bienes y servicios dentro de una región, basado en lo que se denomina Tratado de Libre Comercio. Poder ver los pro y los contra en forma de análisis hacia la toma de decisiones, no hacia bloqueos, requiere que tomemos lo que los estrategas llaman *"Benchmark"*; en otras palabras, buscar quiénes tienen procesos iguales y que son los mejores en su clase, para establecer una comparación entre lo que lo que queremos hacer y dónde estamos. Para ello, nada mejor que mirar hizo la Comunidad Europea, y visualizar algunos de los puntos críticos de su estrategia de conversión a región de mercado:

1. Estableció un proceso escalonado de aceptación de naciones miembro.

2   Estableció un proceso de reestructuración y desarrollo para las áreas deprimidas que no serían competitivas.

3. Estableció un programa progresivo de eliminación de incentivos de producción.

4. Estableció un programa de producción complementaria, en el que los países tendrían cuota por producto y por región, para garantizar la competitividad regional y el balance económico de los países. En este ambiente, cada país tiene que hacer un análisis de en qué área es competitivo, buscar las competencias distintivas y enfocar los esfuerzos de todos los sectores productivos en esa dirección.

5. Estableció el "*Social Charter*" y "*The Directives*". Estas regularizaciones van dirigidas a que los pueblos que fueran a participar pudieran arreglar los males sociales y de justicia antes de pertenecer al bloque. Europa no quiere ni otro Hitler ni otro Marx.

6. Estableció los cinco niveles de educación técnica que igualarían la educación, para que los trabajadores con estas disciplinas pudieran trabajar en cualquier país.

7. Se creó un esquema en el que el sector laboral, el sector privado y el sector público armonizaran sus estrategias en forma conjunta.

8. Estableció el proceso de la moneda única, y estableció la paridad monetaria en un tres por ciento del déficit fiscal. Lo que obliga a los países a crear una verdadera economía de mercado, ya que el poder de compra y venta rebasa la moneda y se enfoca en la calidad y el precio. Por fuerza, esta será una medida obligatoria en el futuro del desarrollo del mercado latinoamericano.

La pregunta en este punto es: ¿En qué se parece lo anterior a lo que hacen los gobiernos en Latinoamérica?

Las quejas de los pueblos

La incertidumbre que viven los pueblos de Latinoamérica y sus quejas se deben a que:

a. No han visto un plan coherente que beneficie a todos.

b. Se les sigue pidiendo sacrificio mientras las multinacionales reciben los beneficios.

c. Están pasando de un estado de dependencia a ser ignorados en sus demandas.

d. No ven en qué les ayuda todo este cambio.

De estos y otros factores no considerados aquí se desprenden los siguientes aspectos críticos:

a. Lo que se persigue al final es una competitividad regional.

b. Los países tienen que identificar sus áreas económicas de complemento a la competitividad de la región.

c. La responsabilidad social debe estar identificada en el diseño.

d. Cada región de cada país debe identificar cómo contribuye a la competitividad nacional, y las ayudas se canalizan para la competitividad nacional y la estabilidad social.

La nueva propuesta neoliberal enfatiza en una serie de medidas sin tomar en consideración los puntos anteriormente citados. Es importante analizar los retos críticos que tienen los gobiernos por delante. El primero que analizaremos será la reforma del Estado.

Parte III: La reforma del Estado

Esta supone el achicamiento, la modernización y la agilización de la función del mismo. Es reconocido que el Estado protector y burócrata limita la competitividad. Se añade a esto el sistema de nepotismo y corrupción que endeuda los pueblos y es factor determinante en la inflación.

La reforma, en esencia, debe ir dirigida a que el país sea más competitivo; por lo tanto debe ser un acuerdo entre el gobierno y el sector privado para encontrar las estrategias específicas de competitividad nacional. No puede haber reforma verdadera del Estado sin la participación del sector privado jugando un papel de coadyuvador. La reforma del Estado no es una adecuación de los procesos políticos y administrativos del Estado; es una adecuación del aparato de apoyo a la competitividad nacional.

La tecnología para el desarrollo

Lester Thorow enumera las tecnologías que apoyarán el desarrollo de los países:

a. Informática.
b. Tecnología de materiales.
c. Biotecnología.
d. Transportación.

Los países que no tengan la capacidad de desarrollar patentes, de producir la tecnología para la producción masiva, tendrán que:

a. Convertirse en manufactureros de tecnología de segunda, para sostener demandas existentes.
b. Desarrollar los recursos humanos y la infraestructura para convertirse en países de producción de costo bajo y calidad, donde la masificación sea una necesidad y el tipo de tecnología lo permita.
c. Ser centros de distribución de mercancías.
d. Ser competitiva en turismo.
e. Ser un centro financiero.
f. Ser competitivo en el modelo de zonas francas.
g. Ser proveedores de productos agrícolas.

Existe una necesidad urgente de que los países seleccionen, específicamente bien, cuál es su área de oportunidad, y desarrollar su plan de competitividad para luego ver cómo la reforma del Estado encaja dentro de ese plan.

Las estrategias de reforma del Estado

El posicionamiento del Estado amerita de las estrategias de reforma que le adecuarán para la competitividad. Estas estrategias incluyen las de reestructuración y las de apoyo:

a. Privatización.
b. Descentralización.
c. Integración.

    d. Educación.

    e. Ejército.

    f. Micro-empresas.

    g. Cooperativas.

La reforma del Estado va dirigida a devolver al sector privado la capacidad de hacer más eficiente y productivo el sector público, para apoyar la competitividad nacional. Utilizando nuevamente el concepto *"benchmark"*, tomemos de referencia a Margaret Tatcher y su reforma del Estado:

1. Privatizó todas las grandes empresas.
2. Como resultado, los gastos del gobierno bajaron considerablemente.
3. Los impuestos bajaron.
4. La calidad subió y las empresas se hicieron ágiles.
5. La liberación del sector financiero hizo más competitivo el sector bancario.

Estas y otras medidas de la "Dama de Hierro" establecieron ejemplo a seguir. Los siguientes corolarios se desprenden de las estrategias de Tatcher:

1. La reducción de impuestos debe ser un resultado natural de la privatización.
2. Asegurar la eficiencia y la calidad del servicio a recibir por el pueblo es un contrato de las empresas privatizadas.
3. La competencia aumenta la oferta y mejora los servicios.
4. El pueblo debe recibir los beneficios del cambio.

La privatización en Latinoamérica ha sido uno de los problemas que ha minado la confianza de los pueblos.

La privatización debe ser el primer punto donde se inserte a los pueblos en el proceso. ¿Cómo?

Imagínense que se privatizan la electricidad, el agua y otras propiedades y servicios del Estado. Lo primero es que se borran los déficit; eso va directo a las arcas del gobierno. Lo segundo es que se eliminan cientos o decenas de miles de salarios, subsidios y gastos de operación. Hablamos aquí de sumas astronómicas. Ahora vienen las entradas por la compra y pagos de impuestos. Si usted suma todo eso, puede ver que podrían hacerse tres cosas:

a. Invertir en compras de acciones para los mismos empleados –debe ser no menos de un 25%–.

b. Un seguro médico para todos, ya que de no hacerlo el Estado incrementaría sus gastos por los productos del desempleo, que son divorcios, criminalidad y enfermedad, entre otros costos asociados.

c. Crear microempresas cooperativas con los empleados, que les den apoyo a ciertas áreas de la misma empresa. Estas se formarían con empleados cuyos trabajos no añaden valor al proceso nuclear.

Las quejas de los pueblos

"La mujer del César no tan solo debe ser casta, sino parecerlo." Este refrán sirve de marco a la falta de apoyo que los pueblos dan a la privatización.

Los pueblos han mirado con desconfianza los procesos de privatización. Los males más comunes, ciertos o no, de los se quejan los ciudadanos han sido:

a. La venta por debajo del costo real con el fin de ganar comisiones por la venta de influencia, favorece a los compradores.

b. La compra de propiedades del Estado por grupos formados por protegidos de los gobiernos.

c. La no mejoría de los servicios.

d. Que no se sabe a ciencia cierta a dónde va a parar el producto de la privatización.

e. El temor de que el Estado se quede sin fuentes de ingreso y con deudas, lo que prepararía a los gobiernos para que en la primera década de 2000 se produzca igual hecatombe a la de los años de 1980.

Puntos críticos para el desarrollo de estrategias

Algunas de las áreas que necesitan ser consideradas para poder reforzar el proceso de privatización son:

a. Contrato que asegure la inversión en tecnología.

b. Contrato que asegure la calidad de los servicios.

c. Que se haga un análisis de todas las empresas del país que puedan ser privatizadas, se calculen las entradas, se calculen los ahorros en gastos y subsidios, se calcule la entrada por cobro de impuestos y se verá qué otra medida inmediata podría tomarse, como ejemplo reducir los impuestos al sector trabajador.

d. Que definitivamente los empleados sean socios del porcentaje que le toca al gobierno, ya que debe venderse el 51% y el resto capitalizarlo en acciones.

e. Que se creen microempresas de apoyo por parte de los empleados cuyo trabajo no añade valor directo al proceso de manufactura o servicio, pero que sí son necesarios para el funcionamiento de la empresa.

Parte IV: Descentralización

El Estado propietario y el poder centralizado han sido factores de abuso de poder, de corrupción y de ineficiencia.

La centralización ha sido uno de los puntales en introducir ineficiencia y, por consecuencia, falta de rapidez en la solución de los problemas.

La centralización evita que puedan establecerse estrategias de desarrollo por regiones, que pueden ayudar a la productividad.

Algunas regiones que son altamente productivas no reciben del Estado centralizado los recursos necesarios, que ellas mismas generan, pero cuyas asignaciones no van a la par en la distribución del presupuesto. Y lo que es peor, en contraposición, es improductivo para la nación seguir cargando con la ineficiencia de regiones que por motivaciones políticas, o falta de capacidad de mercado, administrativa o educativa, no son competitivas.

En el Estado centralizado se juega políticamente con la necesidad de los pueblos y se encubre el deterioro social y económico de regiones.

El problema con la descentralización es que exige de un análisis de competitividad de cada región, y que se creen estrategias de respuesta implementadas y dirigidas por la región.

En Latinoamérica existen, en muchos países, demasiado pueblos separados, con cantidad de funciones y líderes duplicados, que bien pudieran agruparse por regiones productivas y con capacidad de complemento.

Las quejas de los pueblos

a. No puede seguirse manteniendo la ineficiencia que por razones políticas tienen muchos pueblos.

b. No se está dispuesto a seguir recibiendo por debajo de lo que le corresponde a cada pueblo o región, basado en lo que aporta.

Los aspectos críticos para estrategias de ajuste son:

a. La necesidad de justicia.

b. La necesidad de eliminar ineficiencia.

c. La necesidad de eliminar cargas innecesarias.

d. La necesidad de acelerar la productividad.

e. La necesidad de poner foco al desarrollo.

f. La necesidad de eliminar gastos indebidos.

La próxima área que debemos considerar es cómo debe posicionarse el país para responder a la apertura comercial.

Parte V: La apertura

Esta área es el talón de Aquiles para los procesos políticos de los países en vías de desarrollo. La apertura significa un reto para los partidos políticos y sus intereses, y la necesidad urgente de posicionar los países ante la avalancha de intereses económicos extranjeros que hacen incursión en países que a todas luces no están preparados para competir, cuando el tiempo es enemigo de la falta de diálogo y concertación política en pro de una estrategia nacional.

El Estado debe propiciar un estudio de competitividad nacional, con el fin de elegir el modelo económico que se ajuste a la realidad del país. Esto incluye:

a. Un análisis de los renglones de exportación por empresas, así como ayudar a los empresarios a visualizar áreas de posibilidades de alianza nacional para exportar.

   Todo esto requiere de un mecanismo de facilidades para los exportadores, que va desde sistema de comunicaciones, transportación, almacenaje, a facilidades de documentación. Establecer este ambiente ameritará de la fusión de funciones de las agencias que intervienen. Esto es lo que ya se trabaja con el concepto de "ventana única".

b. Un análisis de las empresas criollas de manufactura y servicio que pueden ser afectadas, que deben darse cuenta de que la competitividad nacional demanda de alianza y fusiones.

   Tomemos, por ejemplo, la nación estadounidense. La ley de monopolio ha ido cediendo a las mega-alianzas y mega-fusiones, que integran capitales, tecnología y mercado para crear ofertas de calidad y a bajo precio. El caso de Microsoft se debe a que la informática es uno de los renglones críticos en que es necesario incrementar la innovación. Un monopolio en esta área tan vasta sería un bloqueo a la innovación, que es el punto fuerte de una nación que, como la estadounidense, reduce la mayor parte de las patentes del mundo.

En el caso de España, Corea y Taiwán, existe el apoyo del gobierno para ir en búsqueda de nuevos mercados, que crea programas específicos de apoyo a la exportación.

c. Ventana única: En Costa Rica y Guatemala la agilización de las exportaciones por medio del concepto de "ventana única" es un alivio a la exportación. En Puerto Rico el concepto de "sombrilla", o la unión de varias agencias que tienen interdependencia bajo una sola dirección, puede ser el primer paso para la armonización y simplificación de procesos, que pudiera resultar en una mayor eficiencia de las agencias públicas respectivas.

d. Planificación nacional para la competitividad: Es importante que los lideres políticos comprendan que las estrategias políticas carecen de vitalidad si no van acompañadas de un plan de competitividad.

    Competir en el mercado regional demanda definir las áreas en que el país pueda ser competitivo, con el fin de crear una dirección estratégica y poder encaminar el esfuerzo del país en la dirección adecuada.

e. Proceso de comunicación: El que no sabe a dónde va, cualquier camino lo lleva a su destino. Sin un plan específico que el pueblo pueda comprender, al menos a grandes rasgos, será muy difícil lograr el compromiso de los pueblos en este momento.

f. *"Win-win"*: Esta expresión (ganar-ganar) ya está logrando un espacio en el diccionario empresarial, y esto se debe a que su utilidad tiene que ver con hacer un esfuerzo donde se espera que todos tendrán beneficios. Es de necesidad urgente que se introduzca ganancia en el cambio para el pueblo.

Las quejas de los pueblos

El problema actual de los países está en el hecho de que:

a. Los senados de algunos países todavía responden a directrices políticas, no necesariamente a estrategias de competitividad.

b. Las empresas nativas no crean las alianzas necesarias para competir.

c. Los ciudadanos no entienden por qué es necesario prepararse para exportar.

d Muchos países no han seleccionado las áreas de competitividad nacional.

e. No hay continuidad en los planes nacionales que son de interés para la competitividad, ya que cambian según el partido que gane. Los senados deberían seleccionar las estrategias de competitividad que deberían sostenerse indistintamente de quien gane, siempre y cuando estas cumplan con los requisitos de necesidad nacional.

f. No hay datos estadísticos creíbles para hacer un plan de mercadeo. Ejemplo: conocer en el sector de calzado cuál es el tamaño del mercado, cuál es el segmento de calzados de niños, de mujeres, de adolescentes, de adultos. Cuáles son los líderes y por qué. De igual modo, en todos los sectores de consumo de la población conocer el tamaño del mercado, los segmentos, las variables que afectan el mercado, y los riesgos y oportunidades. Si esto no existe, es difícil planificar en un mercado abierto.

Todo lo anterior define un nuevo esquema para el nacionalismo: tener una infraestructura para sobrevivir como nación. De otro modo serán colonizados con el nuevo modelo: multinacionales.

Puntos críticos para el desarrollo de estrategias

a Que los exportadores no tienen las facilidades suficientes para competir.

b. Que no existe un centro de datos estadísticos que permita a los negociantes hacer un plan de mercadeo inteligente.

c. Que no existe un acuerdo programático para apoyar con las herramientas financieras y de mercado necesarias para la competitividad.

d. Que no existe un plan de análisis de fusión, cooperación y competencia en el sector privado.

e. Los países tienen que tener capacidad de integrarse cuando es amenazada la supervivencia. Este es un momento en que la seguridad esta en juego.

f. La competitividad esta centrada en la alianza.

g. El competidor es aquel cuyos recursos, productos y servicios tienen su origen mayor fuera del territorio nacional.

h. Acelerar el proceso de "coopetidor". Este neologismo, coopetidor, tiene la idea de hacer alianza con el competidor interno para hacerle frente a la competencia externa.

La soberanía nacional es:

La capacidad que tengan las empresas privadas y el Estado para sumar fuerzas y generar una oferta que provea bienestar interno y traspase las fronteras, y mantenga la competitividad interna ante los embates del mercantilismo modreno.

Parte VI: La integración y simplificación del Estado

La agilización del Estado no tiene que ver con el funcionamiento de este desde el punto de vista de sus procesos administrativos, aun cuando esto esta implícito. La agilización del Estado es el proceso por el cual se hace más ágil el servicio al sector empresarial y al ciudadano para la competitividad.

La estrategia de integración va dirigida a:

a. Integrar agencias para agilizar trasmites, reducir duplicidad.

b. La utilización de la tecnología para la simplificación de los procesos, abaratar los costos de operación y reducir dramáticamente el tiempo de servicio y la dilación en trámites.

c. Darle un mayor enfoque de servicio al ciudadano, menos de maquinaria de partido.

d. Profesionalización del servicio público.

Las quejas de los pueblos

Los pueblos tienen duda de la integración de las agencias debido a que:

a. En muchos países no ha habido el concepto de profesionalización del servidor publico, y su nombramiento obedece a razones puramente políticas.

b. No existe, en muchos países, un sistema de mérito que garantice que aquellos que contribuyen en forma efectiva adquieran los puestos.

c. No existe, en muchos países, un modelo de competencia por puesto en que se identifique el conocimiento, las destrezas y la conducta de los aspirantes a los puestos, para poder tener un sistema adecuado de desarrollo y carrera.

d. Todo lo anterior impone una duda a la justicia acerca de cómo se distribuirán los puestos.

Puntos críticos para el desarrollo de estrategias

a. Los sistemas políticos siguen basados en partidismos, no en competitividad.

b. Todavía el mercado de empleo está muy dependiente de los gobiernos centrales.

c. No se ha cultivado el espíritu del emprendedor; por lo tanto, el mayor enfoque es estudiar para ser empleado.

d. Necesidad de desprogramar al empleado publico del concepto de empleado y llevarlo a facilitador de la competitividad nacional.

e. Es un reto al poder de muchos políticos.

Parte VII: Adecuación de la educación

Los principios del cambio nos dicen que la apertura de fronteras, la integración, el trabajo en equipo y la comunicación imponen en el ser humano la necesidad de flexibilidad, aprendizaje continuo, la capacidad de trabajar en equipo y de tener una mentalidad de calidad; de operar en un ambiente multicultural, de ser autoempleado; conocer de negocios, ser persona emprendedora e innovadora, entre otras cosas. Todo esto demanda un alto grado de desarrollo interior.

La escuela no está preparada para desarrollar el ser humano que va a enfrentar los cambios continuos que le tocará vivir.

La educación primaria debe incluir más conceptos de innovación, aprendizaje cooperativo, confrontación, además de las ciencias.

En la educación vocacional, todo el que se gradúe debe conocer un oficio y, además, tener conocimiento de negocios y operación de computadoras y trabajo en equipo.

En la educación universitaria es obligatorio el aprendizaje de microempresa, y que la educación sea mas autodirigida. Todo graduado debe conocer:

a. La investigación.

b. Gerencia internacional.

c. Mercadeo.

d. Idiomas.

e. Cómo emprender.

La queja de los pueblos en cuanto a la educación

a. Que es demasiado larga.

b. Que no está ajustada a la realidad del momento.

c. Que está muy centrada en el profesor, no en la investigación.

d. Que está muy separada de la realidad del trabajo.

e. Que no enfoca el desarrollo interior.

Puntos críticos para el desarrollo de estrategias

a. Hacer más énfasis en investigación.

b. Acercar más la educación a la empresa.

c. Fomentar el desarrollo interior.

d. Crear modelos de trabajo en equipo.

e. Hacer más énfasis en el aspecto de emprendedor.

f. Fomentar la educación de empresa en todas las carreras.

g. Todo graduado de escuela superior debe saber un oficio.

Parte VIII: Las Fuerzas Armadas

El presente proceso de cambio impacta en forma dramática a las Fuerzas Armadas. El nuevo papel que se les asigna está determinado por impedir los problemas que se consideran de índole global, que son los de velar por el narcotráfico, el terrorismo, por la preservación del medio ambiente. Todo parece indicar que las Naciones Unidas tomarán el papel de guardianes de fronteras. Al mismo tiempo, el proceso de integración demandará de la integración de ejércitos. Lo que se presume es que no hará falta ejércitos nacionales, sino más bien regionales. Todo esto tiene cierta lógica, pero la realidad es diferente, y parece que el papel mayor de los ejércitos será enfrentar y trabajar en los problemas de desestabilización nacional.

La trayectoria de los ejércitos

Los ejércitos de Latinoamérica han tenido un papel central en todos los cambios ocurridos en el continente:

a. La lucha por el honor de una patria justa por medio de la guerra de independencia.

b. La pacificación de los bandos armados y de intereses personalistas.

c. El proceso anterior dio como resultado al dictador, la imposición del fuerte sobre los fuertes. El dictador fue una mezcla de amor patrio y crueldad. Pero no hay quien justifique y defienda más al dictador que aquellos que los destronaron para convertirse en látigos de los pueblos. El dictador sirvió también para esconder el ansia de poder y enriquecimiento de muchos.

La miseria y la falta de esperanza han sobrevivido al dictador; el caos administrativo, la corrupción y la falta de seguridad social que han seguido a su desaparición hace que los pueblos, en todo el continente, miren hacia atrás y vean que la construcción de muchos países fue obra del dictador, pero que al desaparecer este, todo ha quedado igual. En muchos casos existe melancolía por esos días, no por los hombres autoritarios, pero pensando en la estructura de disciplina y orden, porque también hicieron mendigar a los pueblos, pero ahora nadie mira las necesidades de las masas.

Por malo que haya sido el dictador, la vergüenza es que el desorden, la corrupción y la falta de esperanza lo justifican.

"El tiempo quedo atrás y con él los generales de pechos llenos de hojalatas, de medallas, de quimeras que enfermaron la mente del dictador; quienes crearon el espejismo de patria soberana", pero la esperanza de los pueblos por un salvador sigue ardiendo en sus mentes.

d. Junto al dictador y en la transición hacia su desaparición surgió la polarización de poder mundial representada por Estados Unidos y Rusia. Ese proceso tuvo como campo de lucha los montes de Latinoamérica, donde las guerrillas implantaron su campo de acción, y en el terrorismo urbano, que trataron de crear una desestabilización del sistema democrático, que también dio la espalda a las masas desposeídas. Al militar le tocó la dolorosa tarea de luchar contra sus hermanos, al contener la ambición foránea de dominio.

La lucha, aunque digna en la intención de ambos grupos, fue en muchos casos irracional, pero a su tiempo deberá juzgarse en su contexto histórico. El tiempo ha comprobado que revoluciones, luchas armadas y promesas políticas no han solucionado nada. Latinoamérica siempre ha estado a merced de los intereses de las grandes potencias.

Las fuerzas militares han tomado el papel de defender lo que han entendido es el bienestar de la patria, a veces utilizadas por apetitos insatisfechos. Otras veces por necesidades externas, pero siempre por lo que han entendido, equivocados o no, que es lo más conveniente para la patria. Es importante notar que, de todos modos, han sido puntales en mantener la continuidad de las instituciones y la integridad nacional.

e. El nuevo proceso, la globalización, impacta los cimientos de las estructuras castrenses, pues sacude todo su proceso de actividad patria, ya que la pregunta clave es: ¿Cuál es el motivo de la lucha patria para el militar? Pues, además de los identificados enemigos externos del desarrollo: las drogas, el terrorismo y el lavado de dinero, está también el descontento interno, que se agiganta, y el descontento no lo produce ninguna intriga externa, ninguna lucha ideológica, ninguna trama política, sino brotes auténticos de los pueblos sin lideres tradicionales; es el fruto de las quiebras masivas, el desempleo masivo y la polarización acelerada de la riqueza y la incursión de las multinacionales, que inundan los mercados locales.

La pregunta crítica es: ¿Marcharán las fuerzas militares sobre los pueblos hambrientos, que, por primera vez sin manipuladores, reclaman un futuro después de quinientos años de esperanza?

La apoliticidad militar todavía está en duda, en un momento en que los factores de desestabilización social entran en un punto crítico por la falta de visión de los propulsores del cambio.

El momento es de mucho conflicto de conciencia para el sector militar. La cordura militar de tener la capacidad de ajustarse a las nuevas demandas, y el diálogo militar continental, son factores de seguridad que impiden exabruptos aislados que puedan surgir.

El sector militar puede ser un factor de ayuda al cambio, si su papel de cuidado de frontera y de policía para luchar contra la desestabilización interna es enriquecido con el papel de prevención.

Las quejas de los pueblos

a. Que todavía existe amenaza de golpes de Estado.

b. Que no se ha utilizado el potencial de los ejércitos para tiempo de paz.

c. Que el papel de los ejércitos no está claro en este momento.

Puntos críticos para el desarrollo de estrategias

a. Tener suma cautela en comenzar la reestructuración, que incluye la reducción de las fuerzas armadas, sin estar preparados sus miembros para incorporarse a la vida civil, lo que podría generar males insospechados.

b. La creación de una escuela de formación gerencial, administrativa, para ir desplazando militares hacia la administración publica, que a todas luces carece de disciplina en muchos países. Es importante, además, incorporar al sistema de formación gerencial los elementos de formación interior, toma de riesgo, dar respuesta rápida a las situaciones, actuar bajo presión, que son elementos críticos para poder responder efectivamente a los cambios, en un ambiente de mercado, de alto riesgo, de necesidad de decisiones rápidas, que impactan la capacidad emocional de la gerencia.

c. La creación de escuelas de oficio y de micro-empresa para prepararse para suplir una nueva generación de apoyo al desarrollo nacional.

d. Crear una escuela de informática, para preparar centros de servicios y educativos en los pueblos, dirigidos por personal de las fuerzas armadas, y agilizar la preparación de los pueblos para la competitividad.

e. Entregar el proceso de alfabetización al sector militar.

f. Crear la escuela de preservación del ambiente, y asignar a las fuerzas armadas la preservación del ambiente.

g. Utilizar el cuerpo de ingenieros para el desarrollo de las vías de comunicación entre regiones, para facilitar la distribución de la producción agrícola.

Parte IX: El sector salud

América Latina mira con horror el resurgimiento de enfermedades, producto de la miseria, que se pensaba iban en camino de extinción.

También el estado caótico de muchos de los hospitales públicos, donde se observan, en muchos países:

a. Una compensación inadecuada para médicos, enfermeras y el personal general.

b. Falta de medicamentos básicos.

c. Falta de instrumentación adecuada.

d. Falta de organización.

e. Robos internos de las medicinas.

Las quejas de los pueblos

Los pueblos de América Latina, acosados nuevamente por la falta de trabajo y de esperanza, ven aumentar sus posibilidades de enfermedad emocional, de desnutrición y de infecciones. Requieren de:

a. Protección médica.

b   Posibilidad de atención médica de primera.

c. Saneamiento de su medio ambiente.

d. La capacidad de adquirir los medicamentos necesarios.

Puntos críticos para el desarrollo de estrategias

a   Crear un sistema de tarjetas de salud, por medio del cual el ciudadano pueda ir al hospital y al médico que sea necesario, que le dé acceso a los servicios adecuados.

b. Que puedan adquirir las medicinas en cualquier farmacia.

c. Que todo patrono provea el costo de la tarjeta de salud a sus empleados, y que si no puede proveer todo, pueda descontar del sueldo para aportar al sistema de salud. En el caso de personas que no tengan posibilidad de pagar las tarjetas, estas se otorgarán gratuitamente.

d. Crear un sistema de seguridad social privatizado.

e. Que se establezca un plan de viviendas de bajo costo, escalonado, ya que los problemas de salud van íntimamente ligados al ambiente habitacional.

Parte X: Micro empresa, cooperativa y agricultura.

La micro-empresa constituye el renglón fuerte de la economía informal. Sin proponérselo, los gobiernos han acelerado el modelo de economía informal debido a la falta de empleo, los despidos en masa y la mala distribución económica.

El proceso de industrialización del siglo pasado descuidó la advertencia de la polarización acelerada de miseria y riqueza, lo cual dio origen al surgimiento del comunismo, creó así una polarización de fuerzas que mantuvo a América Latina envuelta en un proceso de revueltas e inestabilidad; en este momento se observa la misma tendencia en varios países.

El cooperativismo, en la forma que lo esbozó en Puerto Rico Muñoz Marín, formaba parte del modelo económico. En Puerto Rico se estableció que el 25% del producto interno bruto debía ser cooperativo; esto garantiza la distribución del capital, el aumento del ahorro y que el pueblo participe en la repartición de los beneficios obtenidos por el desarrollo económico, no así en el nuevo modelo, donde desarrollo económico no es igual a bienestar social.

En Puerto Rico el sistema cooperativo ha probado que el modelo de competitividad, bajo el esquema de libre comercio y de la actividad privada e individualista de la economía de capital, ha sobrevivido exitosamente junto al esquema cooperativo. Es importante mencionar que el sistema de cooperativas de ahorro y crédito en Puerto Rico es tan grande como el sector bancario.

El problema del cooperativismo en Latinoamérica es que ha sido tratado como un paliativo, no como un esquema de desarrollo económico. Lo mismo ocurre con la microempresa.

En el renglón de la agricultura, los pueblos han visto el encarecimiento de la canasta básica y la importación de productos que otros tiempos se generaban en abundancia. La falta de atención a la agricultura como apoyo a la canasta básica, ha ido mermando el compromiso del campesino con la producción.

La microempresa debería formar parte de la cadena de valor agregado de la producción nacional, al insertarla como apoyo a las zonas francas, al proceso de privatización y a la formación de esquemas de producción para la competitividad.

Las quejas de los pueblos

a   Que la brecha entre pobres y ricos es cada día más grande.

b. Que el financiamiento para los negocios pequeños no existe.

c. Que la vida se encarece cada día más.

d. Que trabajar en el campo no es productivo.

e. Que hace falta un cambio en el modelo económico emergente.

Puntos críticos para el desarrollo de estrategias

a. Establecer la meta de que un 25% de la economía sea fruto de cooperativas.

b. Establecer un programa de adecuación tecnológica en la agricultura.

c. Establecer la diferenciación entre producción para la canasta básica y para exportación.

d. Establecer un proceso para unir la microempresa a la cadena de valor agregado y a la privatización.

e. Establecer un programa de reforma del cooperativismo para la competitividad.

Parte XI: globalización, soberanía y seguridad

El proceso de globalización produce los siguientes impactos críticos:

a. Soberanía nacional:

La formación de los Parlamentos regionales, el nuevo papel de las Naciones Unidas, la entrada libre de bienes y servicios, y las comunicaciones violentan lo que tradicionalmente se reconoció como soberanía nacional; los países tienen cada vez menos derechos sobre sus fronteras sean terrestres, marítimas o aéreas, lo que crea un proceso de desestabilización psicológica e inseguridad interna en cuanto al sentido de pertenencia y propiedad.

b. Protección social:

El nuevo esquema neoliberal, que coloca más responsabilidad en el individuo y menos apoyo de dependencia del Estado, produce la incertidumbre de si el sector privado asumirá el papel del Estado por velar por sus ciudadanos. Al mismo tiempo, los procesos de privatización, reingeniería, fusión y adquisición, lanzan miles de personas al desempleo, incrementan la posibilidad de aumento de enfermedades psicológicas, dependencia química, divorcio y criminalidad.

c. Competitividad:

El esquema de competitividad convierte a los países en campos de batalla comercial donde solo sobrevivirá el más fuerte, y donde al mediano y al pequeño se les hace cada día más difícil adquirir los recursos para poder competir; esto acelera las quiebras masivas que ocurren en varios países. Para mí fue muy chocante que en el centro de Buenos Aires, Argentina, en una de las casas de venta de casimires más famosa y antigua de la ciudad, había un letrero que decía: "POR CULPA DE LA GLOBALIZACIÓN Y DE CHILE ESTAMOS CERRANDO". Lo mismo me sucedió el año pasado en Veracruz, México, donde un periódico destacaba que las empresas más prestigiosas y antiguas estaban desapareciendo. Esas dos historias se repiten en toda Latinoamérica.

La seguridad nacional

Hemos observado en Latinoamérica algunos fenómenos muy preocupantes:

a. El surgimiento alarmante de asaltos y criminalidad en la mayoría de las grandes ciudades.

b. El aumento significativo del trasiego de drogas alucinógenas.

c. El aumento significativo de la promiscuidad sexual.

d. El aumento significativo de divorcios y de la destrucción de la familia.

e. El surgimiento de grupos violentos o guerrillas.

f. El aumento de las protestas sociales.

Sin lugar a dudas, podemos decir que el problema mayor desde el final del siglo XX y el reto mayor que continúan enfrentando los países luego de que ya sonaron las campanadas que anunciaron la llegado del siglo XXI es:

Qué hacer con la seguridad social
para armonizarla con los retos
de la globalización.

Conclusión

He tratado de señalar algunos de los aspectos que están en la mente de la gente de los pueblos, no en la presunción teórica de políticos y tecnócratas, ya que unos miran al pasado y su formación como fundamento para su planificación, y los otros miran a los números, a los esquemas como solución. Pero olvidan que la economía es una ciencia de la conducta, que el ser humano reacciona a sus necesidades del momento, y que los números no calman necesidades. Para los tecnócratas el producto bruto mide la economía; para el pueblo, un pedazo de pan mide su resultado.

Apóstoles en la iglesia de hoy

Dios está derramando sobre la iglesia del siglo XXI el vino nuevo de la revelación, el poder y la autoridad. Le ha dado un odre nuevo especialmente preparado para tiempos como los actuales. Este odre, conocido como la Nueva Reforma Apostólica, representa el cambio más radical en la forma de hacer Iglesia, desde la Reforma Protestante ocurrida hace cinco siglos. El enfoque central de esta Reforma es la restauración del ministerio apostólico en la iglesia. En este libro, el apóstol C. Peter Wagner, una autoridad ampliamente reconocida en el campo del liderazgo de la Iglesia, responde preguntas básicas tales como:

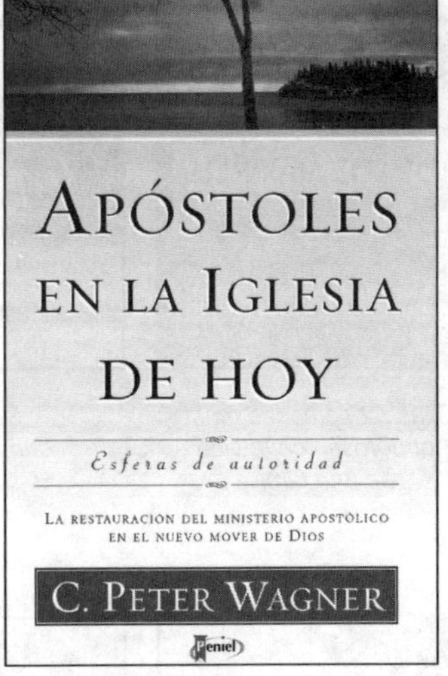

* *¿Qué es un apóstol?*
* *¿Cuáles son las características que posee un verdadero apóstol?*
* *¿No es soberbio autoproclamarse apóstol?*
* *¿Cuáles son las tareas de un apóstol?*
* *¿Qué significa una tener una "apropiada autoridad apostólica"?*
* *¿Cuáles son las distintas esferas de autoridad que puede tener un apóstol?*
* *¿Cuál es el rol que tienen los apóstoles en la transformación de las ciudades?*

Este libro constituye una importante herramienta para la correcta comprensión, así como para ayudarnos a formar parte del odre nuevo que Dios le ha dado a la Iglesia.

JOHN MAXWELL

LO DESAFÍA A ALCANZAR
SU MÁXIMO POTENCIAL EN EL LIDERAZGO

Las 52 semanas más
poderosas en la vida
de una familia

Sé todo lo
que puedas ser

Prepara tu
mañana de éxito

Es sólo un pensamiento...
pero puede cambiar
su vida

Citas de inspiración y
sabiduría para líderes

Relacionándose
mejor con los demás

El poder transformador del evangelio de Jesucristo

Avivamiento, reforma y restauración

El avivamiento es una iniciativa divina.

El avivamiento debe ser seguido de una interpretación, que consiga trasladarlo a conceptos prácticos que generen una reforma de la cultura y sus instituciones. Por supuesto, la reforma se produce inicialmente en la mentalidad de las personas.

"En cuanto a la pasada manera de vivir, despojaos del viejo hombre, que está viciado conforme a los deseos engañosos, y renovaos en el espíritu de vuestra mente, y vestíos del nuevo hombre, creado segun Dios en la justicia y santidad de la verdad." (Efesios 4:22-24)

La reforma es una tarea de la Iglesia

El avivamiento vendrá acompañado de reforma cultural y restauración social, económica y política cuando la Iglesia venza sus prejuicios y abrace a la comunidad donde se encuentra, liberando los dones que hoy tiene sentados en las bancas, para que vayan como misioneros, como apóstoles, como "enviados" a las áreas empresariales, políticas, académicas; es decir, al "mundo" para redimirlo para Cristo.

La restauración será el futuro natural del avivamiento y la reforma.

www.editorialpeniel.com